Topos plus **Taschenbücher**
Band 330

Guido Kreppold

Jesus – Heiland oder Medizinmann?

Topos plus Taschenbücher

Topos plus **Verlagsgemeinschaft**

Die Mitglieder der Verlagsgruppe Engagement:
Butzon & Bercker -Kevelaer | Don Bosco -München | Echter -Würzburg
Lahn-Verlag -Limburg | Matthias-Grünewald-Verlag -Mainz
Paulusverlag -Freiburg Schweiz | Friedrich Pustet -Regensburg
Styria -Graz Wien Köln | Tyrolia -Innsbruck Wien

Die Deutsche Bibliothek – CIP-Einheitsaufnahme
Ein Titeldatensatz für diese Publikation
ist bei Der Deutschen Bibliothek erhältlich

Einband- und Reihengestaltung
home.made designarbeit -Essen
Herstellung: Pustet -Regensburg
Printed in Germany

Topos plus – Bestellnummer: **3-7867-8330-6**

Inhalt

1. Die Religion der Indianer – nicht die des Papstes 7

Mehr als Faszination des Exotischen 9
Ausbrechen aus emotionaler Kälte und spiritueller Leere 11
Jesus – von der Mitte an den Rand 12
Der Ruf nach dem Heiler 14
Der Medizinmann – der Mann der heilenden Kraft 15
Die Visionssuche – Zugang zur Kraft 17
Indianische Heilungen 20
Die Mitte der Welt 22

2. Der kraftlose Heiland – Jesus, der Mann der Kraft 26

Barrieren der Begegnung 26
Existentielle Gleichzeitigkeit 28
Dogmen: Lasten oder Schätze? 32
Das Rätsel, das mit dem Verstand nicht gelöst wird 35
Die Hilfe der Tiefenpsychologie 39
Statt »nichts als«: »mehr als«! 41
Das Reich Gottes – eine tiefenpsychologische Größe 42
Jesus – der Träger der Erleuchtung 45
Den Menschen nahe sein 49
Der projizierte Archetyp – die blinde Religiosität . . 50
Die trennenden Mauern sprengen 51
Freiheit und Nähe 54
Ist das Christentum lebensfeindlich? 58

3. Jesus – Heiler oder Retter? 61

Wunder entfernen – Gefühle bringen Nähe? 61
Glaube – die Innenseite der Wunder 64
Begegnung, nicht Behandlung 66
Heilung verlangt den vollen Einsatz 68
Der verwundete Heiler 70
Wie war das mit Jesus? 71
Der bedingungslose Einsatz Jesu 75
Jesus – der Retter der Welt 77
Der Herr und Retter –
eine entfremdende Autorität? 82
Überhöhung und Idealisierung? 85
Christus – die verwandelnde Kraft 87
Den Tod entmachten 93
Der Tod – eine ferne Größe? 97
»Nimm den Tod zum Ratgeber!« 98
Den Zugang entdecken 100

Anmerkungen 102

1. Die Religion der Indianer – nicht die des Papstes

»Zum Thema Religion hören wir lieber etwas von den Indianern als vom Papst«, so ist die Meinung Ungezählter, die auf der Suche nach einem religiösen Grund sind, aber mit der traditionellen kirchlichen Variante der Religion nichts anfangen können.

Dies wurde auf einer Veranstaltung der jährlichen Lindauer Psychotherapiewochen deutlich. Es gab einen Vortrag über Carlos Castaneda, der als Student seine Einführung in das Denken und die Lebensweise indianischer Medizinmänner, auch Schamanen genannt, beschrieben hat. Der größte Saal der Stadt war überfüllt, und es herrschte eine von Aufmerksamkeit und Ergriffensein erfüllte Stille. Der Referent vermochte seinen Zuhörern zu vermitteln, was numinose, d. h. religiöse Kraft ist, die Grundstimmung, welche Castanedas Erlebnisse bei den Indianern durchzieht.

Das Publikum aus dem Kreis der Psychotherapeuten stand und steht der traditionellen Religion äußerst kritisch gegenüber; weder in den Vorlesungen noch in der Literatur wird das Religiöse als Faktor für die Heilung der Seele in Erwägung gezogen; während des gesamten Studiums fällt kein Wort über die Bedeutung der Religion. Anscheinend war es dem Referenten gelungen, den Hörern im Augenblick des Vortrags eine neue Erfahrung des Religiösen zu vermitteln, aber nicht durch biblische Botschaften, sondern durch die Beschreibung einer völlig fremden kulturellen Welt.

Ein solches Ereignis beleuchtet die Grundhaltung unserer Zeit zum Thema Religion. Während das Christentum in unserem Land einen ermüdeten und erschlafften Eindruck macht, die Kirche von inneren Auseinanderset-

zungen gequält ist, hat es den Anschein, als ob nun die Religionen, die man früher als heidnisch bezeichnete und deshalb missionieren wollte, bei uns die Stelle des absterbenden Christentums einnähmen.
Für traditionstreue Christen mag dies eine arge Verunsicherung sein. Die Versuchung ist groß, alle, die sich von den neuen Strömungen erfassen lassen, zu entwerten, ihnen redliches Suchen und Denken abzusprechen und sie zu Gegnern zu erklären, mit denen man sich nicht auseinanderzusetzen braucht. Dabei sind es gerade geistig begabte und wache Menschen, oft sogar mit Hochschulabschluß, die so denken. Sie sind in therapeutischen, beratenden, lehrenden und erzieherischen Berufen tätig, und ihnen sind weltanschauliche und religiöse Fragen und die Sorge um die Zukunft alles andere als gleichgültig. Sie tragen bei zur geistigen Entwicklung der Zeit und ihre Zahl ist ständig im Wachsen. Wer als Vertreter der traditionellen christlichen Lehre diesen Teil der Bevölkerung nicht ernst nimmt und deren berechtigte Anliegen mit vorschnellem Urteil abtut, verzichtet darauf, auf den weiteren Verlauf der geistigen Begegnung und Auseinandersetzung Einfluß zu nehmen. Vernünftiger und hilfreicher ist es, die Anfragen von außen als Herausforderung anzunehmen, auch wenn sie noch so ungewohnt, sperrig und oft sogar verletzend sind. Es erweitert den Horizont der eigenen Überzeugung und verleiht ihr neue Frische, Lebendigkeit und Kraft. Es wäre eine Alternative zur Gefahr eines weltanschaulichen Ghettos, in dem die Kirchen im Hinblick auf die aktuellen Probleme der Zeit zur Bedeutungslosigkeit herabsinken könnten.

Mehr als Faszination des Exotischen

Die Faszination für Kultur, Religion und Lebensweisheit der Ureinwohner Amerikas, welche in den letzten Jahren in breitem Ausmaß Menschen der westlichen Welt ergreift, ist mit der bloßen, schon immer vorhandenen Neigung zu Fremdem und Exotischem allein nicht zu erklären.
Die Gründe liegen wesentlich tiefer und haben mit der fundamentalen Krise der westlichen Zivilisation und des Christentums zu tun. Damit ist gemeint, daß die europäische Kultur, welche ihre Wurzeln sowohl im jüdisch-christlichen wie auch im griechischen Geist hat, in eine Sackgasse geraten ist, und mit ihr die moderne technisch-wissenschaftliche Entwicklung, welche gemeinhin als »der Fortschritt« galt. Kritiker des modernen Denkens sagen, daß die wissenschaftliche Einstellung, die lange Zeit nicht hinterfragt wurde, die Gesamtheit der Wirklichkeit aus den Augen verloren habe und sich nur mit Einzelheiten beschäftige. So ist es zwar gelungen, in den Industrieländern Hunger und Elend zu überwinden und einen ungeahnten Wohlstand für die meisten herbeizuführen, jedoch um den Preis einer Kluft zwischen armen und reichen Ländern, die immer größer wird. Aufs Ganze gesehen sinkt die Zahl der Menschen im Elend nicht, im Gegenteil! Die Grenzen einer weiteren Technisierung, mit der man eine bessere Welt zu schaffen versucht, zeigen sich nicht zuletzt darin, daß ein noch größerer Energieverbrauch mit dem Ausstoß von Kohlendioxyd das weitere Leben auf dem Planeten Erde gefährdet. Stichworte sind »Ozonloch« und »Klimakatastrophe«, Erwärmung der Atmosphäre und der Weltmeere, Abschmelzen der Polkappen, Anstieg des Ozeanspiegels, Überschwemmungen, Massenflucht und vieles andere, womit das Szenarium einer Weltkatastrophe beschrieben wird. Dabei ist noch gar nicht an die durch den modernen Geist erfun-

denen Waffen gedacht, welche in die Hände von Wahnsinnigen oder kaltblütigen Verbrechern geraten könnten.

Auch ohne Katastrophen treten die Folgen des technischen Zeitalters offen zutage. Es ist die Anonymität der Großstädte, welche Drogenkonsum, organisierte Kriminalität und viele andere Formen zerstörerischen Verhaltens hervorbringt. Die vielfach beklagten Zerfallserscheinungen der modernen Gesellschaft wie Zerbrechen stabiler menschlicher Beziehungen, Suchtverhalten und Selbsttötungen sind ein Hinweis dafür, daß die technisierte Welt mit ihren Möglichkeiten des Konsums nicht das geben kann, wonach sich jeder Mensch im Innersten sehnt: Zufriedenheit, Nähe, einen Raum, wo die Seele zur Ruhe kommt.

Eine Einstellung, welche dem kalten, berechnenden Intellekt und dem sogenannten objektiven wissenschaftlichen Denken die absolute Oberhand läßt, klammert die Eigengesetzlichkeit und Eigendynamik der Gefühle aus und übersieht deren Bedeutung für das Gelingen des menschlichen Glücks.

Nur allzuoft geschieht es, daß Menschen mit bester Ausbildung und hoher Position im privaten Bereich scheitern. Es stellt sich immer wieder heraus, daß, wer immer sich nur auf den Intellekt verläßt, nicht fähig ist, den Mechanismen der unbewußten Seele wirkungsvoll zu begegnen. Die Zerbrechlichkeit privaten Glücks zeigt, wie wenig die Menschen ihre tiefsten Wünsche nach Nähe und lebendigem Austausch dauerhaft verwirklichen können.

Selbst die medizinischen Leistungen, die das Leben des einzelnen erheblich verlängern – wovon man früher nur träumen konnte – schaffen gesellschaftliche Probleme von gewaltigem Ausmaß. Wer wird die alten, gebrechlichen, pflegebedürftigen Menschen versorgen?

Zudem ist auch die moderne Medizin gegenüber Aids und Krebs ziemlich ohnmächtig. In mancher Hinsicht beherrscht sie den Menschen mehr, als daß sie ihm dient; ein menschenwürdiges Sterben verhindert sie oft eher als daß sie es ermöglicht.

Ausbrechen aus emotionaler Kälte und spiritueller Leere

Schon vor mehr als siebzig Jahren sprach der Psychotherapeut Carl Gustav Jung davon, daß die moderne Welt dem Menschen die Seele genommen habe. Damals schon gab es die fundamentale Kritik am sozialen und geistigen Zustand der Gesellschaft, und man suchte Heil in den sogenannten Kollektivismen, im Faschismus verschiedener nationaler Prägung und im Marxismus. Ihr gemeinsames Kennzeichen war die Vision eines Heilszustandes, der Gleichheit und Glück aller garantiert und der den Charakter der Endgültigkeit, d. h. eines absoluten höchsten Wertes besitzt. Nur wenige sahen die Ursache des Übels im Menschen selbst und ahnten, daß jede Veränderung bei ihm beginnen müsse. Der Glaube an die Wissenschaft hat heute einen starken Einbruch erlitten, es greift eine Stimmung um sich, die neuen, wissenschaftlich anscheinend abgesicherten Errungenschaften wie der Genforschung, vor allem aber der Atomindustrie äußerst mißtrauisch gegenübersteht.
Es herrscht Ratlosigkeit auf breiter Ebene. Die großen humanistischen Ideale wie Freiheit und Gleichheit für alle haben im Hinblick auf das Elend Ungezählter und die Aussichtslosigkeit einer Besserung ihren Glanz verloren.
Mit dem Zusammenbruch der Forschrittsideologien wendet sich heute die Aufmerksamkeit nun jenem Bereich zu, der einer rationalen Durchdringung verschlossen ist, der als irrational und esoterisch bezeichnet wird; man möchte aus einer Welt der emotionalen Kälte und der spirituellen Leere ausbrechen; dieser Bereich ist

die Domäne der Völker außerhalb des europäischen Kulturkreises, also Asiens, Afrikas und Alt-Amerikas. Naturvölker sind ihren Gefühlen näher, sie sind spontaner und herzlicher, ebenso ist für sie der Bereich des Religiösen noch selbstverständlicher und unmittelbarer. Ihre Riten können etwas vom numinosen Erleben vermitteln, das in den traditionellen Formen des Christentums vermißt wird.
Von nichteuropäischen und nichtchristlichen Denkansätzen, Weltanschauungen, religiösen Einstellungen erwartet man sich Weisheit und Kraft, die Probleme der Zeit zu lösen: emotionale und spirituelle Erfüllung, Versöhnung mit der Natur und Heilung von den Schäden, die eine lebensfeindliche Zivilisation dem Menschen zufügt.
Und wie ist es mit dem Christentum? In kirchlichen Verlautbarungen, Hirtenbriefen oder Ansprachen hört man wiederholt »von Gottes gnädigem Heilshandeln in der Geschichte«, davon, daß »Jesus Christus allen Menschen das Heil anbietet und sie durch sein Leiden und Sterben von Sünde und Tod erlöst hat«.
Menschen von heute, die zuinnerst von der angesprochenen Problematik betroffen sind und die der Kirche kritisch gegenüberstehen, empfinden solche Aussagen als fremd und unverständlich und können darin nicht die Hoffnung entdecken, nach der sie in ihrer Not verlangen.

Jesus – von der Mitte an den Rand

Auf diesem Hintergrund ergibt sich fast zwangsläufig, daß man in breiten Kreisen dem Mann aus Nazaret nicht mehr jene zentrale Bedeutung einräumt, die ihm im christlichen Glauben zukommt. Es wird heute über ihn diskutiert wie über einen antiken Weisen, einen asiatischen Guru oder irgendeinen Religionsstifter. So ist in diesem Rahmen die Frage, ob Jesus Heiland, d. h. Retter der Welt, zu nennen oder ob er eher mit einem indianischen Medizinmann zu vergleichen sei, nichts Außergewöhnliches. Gewiß, manche Christen empfinden diesen Vergleich, wenn nicht sogar Gleichstellung, als Zumutung. Sie beleidigt ihren Glauben an die unantastbare Größe und Würde der Gottheit Jesu; denn mit dem Begriff »Medizinmann« verbinden sie sofort Unseriöses, Zauberei, Magie, heidnischen Aberglauben. Im Zeitalter der Esoterik werden wir aber mit solchen Themen konfrontiert, und wir tun gut daran, uns darauf näher einzulassen.

Es fällt auf, daß in den Esoterik-Publikationen, die durchaus ein ernsthaftes spirituelles Anliegen vertreten, der Name Jesus kaum auftaucht. Unter all den spirituellen Wegen, die heute den Suchenden angeboten werden, wird die Nachfolge Christi nicht einmal erwähnt. Das Christentum, wie es von seinen heutigen Jüngern vertreten wird, löst bei Außenstehenden eher Unverständnis und Ablehnung aus und wird als mögliches Lebenskonzept nicht annähernd in Betracht gezogen. Bei Diskussionen um diese Frage wird der obersten Kirchenleitung die Schuld zugeschoben und die Stimmung entsprechend angeheizt. Eine solche Kritik trifft jedoch nicht den Kern der Sache. Es sollte zu denken geben, daß auch die nichtkatholischen Kirchen in den westlichen Industrieländern mit den Problemen des Glaubensschwunds, der Säkularisierung, im Grunde mit wachsender Bedeutungslosigkeit zu kämpfen haben.

Was die Leser von Esoterik-Zeitschriften anzieht, ist die Lebendigkeit und Frische in der Vermittlung des *Neuentdeckten*, eines intensiven, spirituellen Erfahrungsraumes; das allerdings wird in den üblichen kirchlichen Veröffentlichungen und in der gängigen religiösen Literatur vermißt. Die theologische Begriffswelt erscheint verbraucht und inhaltsleer – gerade die Bezeichnung »*Heiland*« und das ihm verwandte Wort Heil, ebenso

Gnade, Erlösung, Sünde und Sündenvergebung und vieles mehr, was zum feststehenden Vokabular kirchlicher Verkündigung gehört. Aufmerksamkeit und Interesse werden nur dem geschenkt, der seine Aussagen mit eigener Erfahrung abdecken kann, wo beim Sprechen noch etwas vom Erlebten mitschwingt; nur er kann Zeuge sein für etwas, was weder im Rahmen des modernen wissenschaftlich-rationalen Denkens noch in einer oberflächlichen, auf Ablenkung ausgerichteten, banalen Lebenseinstellung gefunden werden kann.
Es sollte zu denken geben, daß die Evangelien eigentlich eine Fülle von *Neuheitserfahrung* des Religiösen überliefern, daß wir auf Schritt und Tritt Überraschungen begegnen; daß Ungewohntes und Ungewöhnliches den Charakter dieser Schriften ausmacht. Hätten wir Christen unseren Stifter wirklich verstanden – könnte man folgern – so müßten spirituell Interessierte auch heute noch nach christlichen Zeitschriften und Büchern greifen und jede Auflage innerhalb kürzester Zeit »vergriffen« sein. Statt dessen erleben wir das Sterben von kirchlich orientierten Verlagen und deren Produkten. Wenn es den im Neuen Testament beschriebenen neuen Menschen (vgl. 2 Kor 5,17; Eph 2,15; 4,24) auf breiter Basis gäbe, dann würde es nicht an intelligenten, kraftvollen und wirksamen Ideen zur Lösung der Probleme unserer Zeit fehlen.

Der Ruf nach dem Heiler

In weitem Umfang ist heute von einer krankmachenden Gesellschaft, Arbeitswelt, Familie, Ernährung und Umwelt die Rede und der Ruf nach dem Heiler erwacht. Es ist sehr aufschlußreich, die genannten Esoterikzeitschriften unter diesem Aspekt zu untersuchen. Eine einzige Ausgabe[1] bringt mehr als zwölf Anzeigen zum Thema »Heilung« – einmal, wo man selbst Heilung finden und zum anderen, wo man sich zum *Heiler* ausbilden lassen kann; Angebote reichen von der einfachen Heilpraktikerausbildung über die Wiederentdeckung der Heilpflanzen, über »altorientalische Musiktherapie«, »Reinkarnationstherapie« bis zur »Reise zu den Geistheilern« und dem »Heilen durch den Geist«. Gerade der starke Andrang zur Heilpraktikerausbildung, zu Therapeuten auf den verschiedensten Ebenen, zu Gruppen, wo durch Gebet und Handauflegung Heilung gesucht wird, läßt den Schluß zu, daß der alte Medizinmann der Naturvölker in unserer Zeit wiedererwacht ist und gewissermaßen als Urbild die Menschen in seinen Bann zieht. Nichts ist in diesem Zusammenhang angebrachter, als entwertende Vorurteile gegen die Vertreter einer ernsthaften Heilkunst vor anderem kulturellen Hintergrund aufzugeben und Vorstellungen von Aberglaube und Betrug aus dem Weg zu räumen, weil sie dem ehrlichen Bemühen jener Menschen nicht gerecht werden und echtes Verstehen verhindern.

Der Medizinmann – der Mann der heilenden Kraft

Bei dem Ausdruck »Medizin« im Sinne der Indianer dürfen wir nicht an Medizinfläschchen denken; es ist die Übersetzung eines indianischen Begriffes, der viel weiter und umfassender ist als unser deutsches Fremdwort. Es bedeutet ungefähr so viel wie *heilige, heilende und das Heil bringende Kraft*. Die Indianer sagten zu den Kirchen, welche die Weißen gebaut hatten, »Medizinhütten«. In ihrer Vorstellung war das Heilige auch das Heilende; es gab Orte und Hütten, wo sie dieser heiligen und heilenden Kraft begegneten. Es wäre also gar keine verkehrte Motivation, würden wir sagen: Am Sonntag gehen wir in die »Medizinhütte«, weil wir uns einer heilenden Kraft aussetzen wollen.

Berühmte Medizinmänner unserer Zeit waren Schwarzer Hirsch aus dem Stamm der Sioux, der mit 19 Jahren einen im Sterben liegenden Knaben heilte, und John Fire Lame Deer, der zuerst Rodeoclown, Soldat, Polizist und Schäfer war und dann zum »wicasa wakan«, zum heiligen Mann seines Volkes wurde. Er bedauert, daß es keine bessere Übersetzung für »Medizinmann« gibt, denn er sei Priester, Seher, Arzt und geistiger Führer in einem, also jemand, der mit den existentiell bedeutsamsten Lebensgebieten umzugehen versteht und deshalb um Rat angegangen wird.

Dessen Sohn, Archie Fire Lame Deer, trat in die Fußstapfen seines Vaters und beschreibt in seinem Buch »Medizinmann der Sioux«[2] sein Leben und Wirken in seinem Volk. Bemerkenswert ist, daß er jungen Männern im Gefängnis beisteht, sie in die alten Riten des Stammes einführt, ihnen und vielen anderen hilft, vom Alkohol freizukommen. Bei aller Verschiedenheit zur christlichen Religion vertritt er die Rolle eines engagierten und erfolgreichen Seelsorgers. Aus seiner Schilderung religiöser Handlungen spricht Ernsthaftigkeit, sie weist auf tiefe Erfahrung auf diesem Gebiet hin.

Neben vielen anderen verdient der Schamane Bear Heart erwähnt zu werden. Er gilt als der große Weise unter den indianischen Sehern und Heilern der Gegenwart. Er hat viele leidende und krisengeschüttelte Menschen aufgerichtet und ihnen geholfen, Sinn und Richtung im Leben zu finden. Das Besondere an ihm ist, daß er gleichermaßen von indianischer wie christlicher Tradition geprägt ist. In seinem Buch »Der Wind ist meine Mutter«[3] spürt man den tiefen Frieden und die Versöhnung, die zwei so verschiedene Kulturen in ihm gefunden haben. Trotz des maßlosen Leides, das die Weißen seinen Vorfahren angetan haben, sind seine Erzählungen nicht von bitteren und verletzten Emotionen aufgeladen. Vielmehr spricht aus allem eine tiefe Weisheit. Er erinnert sich, daß man zu ihm als Kind sagte: »Die Schönheit im Leben erreicht man durch Harmonie.

Lebe in Harmonie mit allen Dingen, das Wichtigste aber ist, lebe in Harmonie mit dir selbst«[4].
Die Harmonie in allen Dingen ist die Grundlage indianischer Heilkunst. Ist sie gestört, wird ein Mensch und die Natur krank. Alles kommt darauf an, die verlorene Harmonie von Mensch und Schöpfung und dem Großen Geist wiederherzustellen. Deshalb ist oberstes Gebot, sich für jede Gabe, selbst für jeden Gegenstand, den man der Natur entnimmt, zu bedanken und womöglich eine Gegengabe zu hinterlegen. Bear Hearts Leitsatz lautet: «Geh den Weg der Schönheit, dann wird dein Leben ein erfülltes Leben sein«[5]. Grund genug, um vor indianischer Weisheit Achtung zu haben.

Die Visionssuche – Zugang zur Kraft

Das Zentrale des Werdeganges eines Schamanen ist die *Visionssuche*. Der Fachausdruck heißt bei den Sioux *Hanbletschija* »um eine Vision flehen«. Es handelt sich um einen viertägigen Ritus, der mit der Zeremonie einer Schwitzhütte beginnt. Anschließend begibt sich der Initiand auf einen dafür vorgesehenen Hügel und verbringt dort in einer Grube vier volle Tage, ohne etwas zu essen oder zu trinken und ohne zu schlafen. Dabei darf das ständige intensive Gebet zu den Geistwesen vom Anfang bis zum Schluß nicht fehlen. Dieses totale Ausgesetztsein löst einen inneren Prozeß aus mit gewaltigen Erschütterungen, Ängsten und außerordentlichen Sinneswahrnehmungen. Der Prüfling hört Stimmen, sieht Tiere und Gestalten, in denen sich die Geister offenbaren und ihm die heilende Pflanze und seinen Auftrag mitteilen. Ein Mann berichtet, er habe eine weinende Schildkröte gesehen und für ihn wurde das Mitgefühl mit leidenden Menschen und Tieren zum Lebensinhalt. Ebenso wurde für ihn der in die Tiefe dringende Blick eines Adlers, den er in der Vision sah, zum Geschenk.

Ein solches Erlebnis bedeutet eine letzte existentielle Herausforderung. Es kostet den Einsatz der ganzen Person. »Um eine Vision zu erhalten, mußt du dich völlig aufgeben. Es ist fast wie Sterben, nur daß du zurückkommst. Hanbletschija ist eine der härtesten Prüfungen im Leben eines Mannes«, so der Medizinmann der Sioux[6].
Die zentrale Bedeutung einer Vision für das Leben eines Sioux beschreibt der selbstbewußte Indianer so: »Ein junger Mann geht auf Visionssuche, um seinen eigenen Weg zu finden, den er bis zum Lebensende gehen wird. Er kommt als Mann vom Hügel zurück«. Jedoch sei damit das Flehen um eine Vision noch nicht zu Ende. Männer würden nicht nur einmal auf den Berg gehen. »Eigentlich sollte ein Mann immer auf den Hügel gehen und die Hilfe höherer Mächte suchen, wenn er etwas sehr Wichtiges vorhat oder wenn er sich in einer Lebenskrise befindet«[7].
Dem Autor des Buches sind Männer bekannt, die sich dieser Prüfung über ein dutzendmal unterzogen haben, sogar sehr alte Männer, die bis zum Ende ihrer Tage immer wieder eine Vision erflehten.
Es geht um die Erfahrung von etwas *Größerem als man selbst* ist, von etwas, das einen über die Grenzen seines kleinen Ichs hinaushebt und Einssein mit den lebenden Wesen, den Pflanzen und Tieren, vermittelt; es ist das Erleben einer gewaltigen seelischen Stärke und eines überwältigenden Glücksgefühls, das zugleich mit wohlwollender und hingebungsvoller Güte gegenüber anderen, besonders Leidenden, verbunden ist.
Der schon verstorbene Vater des Buchautors und tätigen Medizinmannes bezeichnet die Visionssuche als Ursprung der Religion. Ohne Vision sei man nichts, sie mache aus einem mehr als einen normalen Menschen. »Wenn du nie eine Vision gehabt hast, bist du nichts.« Dies dürfte wohl heißen, daß jemand ohne Vision keinen Zugang zur religiösen Welt der Indianer hat.

Der alte Indianer sieht im Rückzug in die Einsamkeit und im Fasten Parallelen zum Aufenthalt Jesu und der Propheten in der Wüste, die ebenfalls um Visionen gerungen hatten. Er kritisiert die Weißen, daß sie diesen Aspekt der Religion verloren hätten.

»Weiße Männer haben das vergessen. Ihr Gott spricht nicht mehr mit ihnen aus einem brennenden Busch. Wenn er das täte, würden sie es nicht glauben. Sie würden es Halluzination oder Science-fiction nennen. ›Eine Stimme aus einem brennenden Busch? Dieser Mann hat zuviel LSD genommen!‹ Die alten Propheten der Hebräer sind in die Wüste gegangen und haben um eine Vision gebetet; doch die weißen Männer von heute haben ihren Glauben zur Wüste gemacht. In ihrem Inneren haben sie eine Wüste geschaffen, wo nichts wächst, einen toten Ort ohne Träume. Doch das Wasser des Geistes ist immer da, um die Wüste wieder zum Blühen zu bringen [...] Das waren die Worte meines Vaters«, sagt Archie Fire Lame Deer[8] und wir dürfen hinzufügen: eines sehr weisen Mannes. Er dürfte richtig gesehen haben, daß dem Christentum, so wie es von den Weißen gelebt wird, die religiöse Urerfahrung fehlt und es damit immer mehr austrocknet; daß den Innenräumen der Seele, der Welt der Träume und Symbole und deren Erschließung sowie dem Rückzug in die Einsamkeit und dem Fasten als Zugang zum spirituellen Erleben kaum mehr Bedeutung beigemessen wird. Die Tatsache, daß so viele heute nicht im Christentum, sondern in der Naturreligion der Indianer die spirituelle Erfahrung machen wollen, bestätigt die Meinung des alten Medizinmannes. Wir sollten aber auch sein tröstliches Wort nicht vergessen, daß das Wasser des Geistes immer da ist, um die Wüste zum Blühen zu bringen.

Indianische Heilungen

Sehr beeindruckend ist, wie der schon erwähnte Medizinmann »Schwarzer Hirsch« aus dem Stamm der Sioux von seiner ersten Heilung erzählt. Er hatte mit neun Jahren eine Vision, wo ihm ein heilendes Kraut gezeigt wurde, das er dann Jahre später an einer abgelegenen Stelle eines Flusses fand. Genau am Tag, nachdem er die Pflanze gefunden hatte, wurde er, weil seine Berufung zum Heiler bekannt geworden war, zu einem Kranken gerufen. Es war der achtjährige Sohn eines Freundes der Familie.

Zur Durchführung des Ritus werden Eltern, Verwandte und Freunde hinzugebeten. Wichtig sind die Pfeife mit den Adlerfedern, die Trommel, das heilige Wasser und das heilende Kraut. Der junge Schamane beginnt die Zeremonie mit dem Schlagen der Trommel und dem Anrufen des Geistes der Welt. Als er spürt, wie die Kraft vom Boden her über die Füße zu ihm durchdringt, weiß er, daß er dem kranken Knaben helfen kann. Beeindruckend ist das Gebet, das »Schwarzer Hirsch« bei der heiligen Handlung spricht:

> »Großer Geist, du bist der einzige, und zu keinem anderen kann eine Stimme dringen. Du hast alles geschaffen, so sagen sie, und du hast es gut und schön gemacht. Die vier Viertel und die zwei Wege, die sich kreuzen, hast du gemacht. Du hast auch eine Kraft erweckt, dort, wo die Sonne niedergeht. Die Zweibeiner auf Erden sind in Verzweiflung. Für sie, Großvater, schicke ich eine Stimme zu dir. Du hast zu mir so gesprochen: Die Schwachen werden gehen. Im Gesicht hast du mich zur Mitte der Welt geführt, und dort hast du mir die Kraft der Hingabe gezeigt. Du gabst mir das Wasser in der Schale; durch seine Kraft wird der Sterbende wieder leben. Das Kraut, das du mir gezeigt hast – durch seine Kraft wird der Schwache aufrecht gehen«[9].

Anschließend wendet er sich an die vier Himmelsrichtungen, um »Stimmen« auszuschicken und die Kräfte des Kosmos zu wecken.
Bemerkenswert ist, daß er dabei singt. Es gibt sogar Lieder für jede Krankheit, die zu lernen Aufgabe eines angehenden Heilers ist. Im Gesang liegt die heilende und beschützende Kraft. Während des Singens empfindet Schwarzer Hirsch in seinem ganzen Leibe etwas Seltsames, etwas, das in ihm das Verlangen weckt, *über alle unglücklichen Geschöpfe zu weinen*, und Tränen rinnen über sein Gesicht.
Im weiteren Verlauf der Zeremonie zündet er die Pfeife an, bietet sie den »Mächten« dar, nimmt selbst einen Zug und reicht sie weiter.
Ähnlich verfährt er mit dem Wasser in einer Schale. Das heilende Kraut kaut er und legt es in das Wasser, das er der »Jungfrau«, der älteren Schwester des Knaben reicht. Die gibt es dem Kranken zu trinken, hilft ihm aufzustehen und geht mit ihm im Kreis, im Süden, an der Quelle des Lebens – wie Schwarzer Hirsch sagt – beginnend. Er ist noch sehr elend und schwach, doch mit der Hilfe der Jungfrau tut er es.
Damit ist der Heilungsritus beendet. Am nächsten Tag kam der Vater des Jungen und berichtete, daß es seinem Sohn besser gehe. Vier Tage später ging er wieder herum. Er wurde gesund, starb allerdings schon mit dreißig Jahren. Der junge Medizinmann erhielt für die Heilung ein Pferd. Er hätte es – so sagte er – auch umsonst getan.
Ergreifend ist das Gebet des jungen Medizinmannes: Da ist nichts von Magie, welche das Numinose herbeizwingen will, auch nichts von Scharlatanerie oder einem zauberischen Hokuspokus zu finden, sondern einzig und allein die demütige Bitte an den Großen Vater um Erbarmen für Menschen in Verzweiflung.
Was den Kranken heilt, ist nicht eigenes Können, sondern die Kraft der Hingabe, die sich im Wasser und in

der gefundenen Pflanze ausdrückt. Heilung ist ein Geschenk des Großen Geistes bzw. der Mächte, die die Welt leiten. Schwarzer Hirsch sieht sich selbst als jemand, dem die Gnade zuteil wurde, in die Mitte der Welt geführt zu werden. Der letzte Akt besteht darin, daß er die Seele des Kindes symbolisch an die Quelle des Lebens führt, in die Mitte der Welt, deren Zeichen das heilige Kraut und das heilige Wasser sind. Vom Ursprung her soll das gestörte Verhältnis von Mensch und Kosmos, von Seele und Leib wieder geordnet werden.

Die Mitte der Welt

In der Vorstellung der Indianer ist die Welt ein Kreis und in dessen Mittelpunkt berühren sich alle Geschöpfe, Menschen, Tiere und Elemente. Es ist die Mitte der Welt. Er ist nicht äußerlich wahrnehmbar oder mit den Mitteln der Wissenschaft zu erforschen – er ist nur existentiell erfahrbar. Es ist ein Bewußtseinszustand des Ergriffenseins und des Einsseins mit sich, den Menschen, der Schöpfung und mit Gott. Es ist das, was in der mittelalterlichen Mystik Seelenfünklein oder Seelengrund genannt wurde. In ihm ist nicht nur die Quelle des Glücks, sondern auch die Kraft, eine gestörte Welt wieder zu ordnen.

Was damit gemeint ist, drückt am besten der Sonnengesang des hl. Franziskus aus. Ohne Zweifel ist der Verfasser dieses Liedes in einem Erlebnisrahmen, wo er Gott, den Elementen, allem Lebenden und den Menschen zugleich nahe ist und sogar jenseits der bedrückenden Macht von Krankheit und Tod steht. Es dürfte auch als sicher gelten, daß ihn das Beten und Singen immer erneut an den Punkt heranbringt, von dem aus er die Welt im Licht des Sonnengesangs empfindet, und das bedeutet für ihn Jubel, Freude, Dankbarkeit, aber auch Mitgefühl und Mitleiden mit Menschen und

Tieren. Die Parallelen zum Bericht des indianischen Heilers sind offenkundig. Gebet und Singen und dazu noch das Trommeln rufen im Heiler noch einmal das Erleben wach, das er in seiner großen Vision hatte. Als Hinweis, daß er an dem Punkt ist, wo er allen Geschöpfen nahe ist, darf gelten, daß er von Mitleid mit allen leidenden Wesen erfaßt wird und eine Kraft in sich spürt, die der Krankheit überlegen ist. Es ist die Erfahrung, daß die Kraft der Harmonie und Heilung in der Tiefe der Seele und des Kosmos liegt. Der Schamane wird an die wirkende Energie angeschlossen und kann damit auf den Kranken Einfluß nehmen. Er holt ihn wieder in die Harmonie der Welt zurück.

Der Bericht von »Schwarzer Hirsch« ist authentisch, und es gibt keinen Grund, an der Glaubwürdigkeit dieses aufrechten Mannes mit einer leidvollen Lebensgeschichte zu zweifeln. Die Geschehnisse liegen allerdings schon mehr als hundert Jahre zurück.

In jüngster Zeit mehren sich wiederum Berichte von Begegnungen mit indianischen Schamanen und von Heilungen, die von der Schulmedizin nicht erklärt werden können. Es sei das Buch von Angelika Hansen erwähnt[10], einer Schauspielerin aus München, die an schrecklichen Angstzuständen litt; sie kommt auf außergewöhnliche Weise in Kontakt mit dem Medizinmann Godfrey Chips in South Dakota, nimmt an dessen Zeremonien teil und wird geheilt. Das Eigentümliche daran ist, daß er selbst auf sie zugeht, ihr Leiden spürt und von sich aus seine Hilfe anbietet. Das Ergebnis ist nicht nur, daß sie von ihrer Krankheit befreit ist, sondern auch eine völlig neue Einstellung zum Leben gewonnen hat, ähnlich der der Indianer. Sie hatte ihre Angst verloren und war voller Freude und Dankbarkeit. An ihren Erfahrungsbericht schließen sich noch weitere Heilungsgeschichten an, wo es um Krebs und andere unheilbare Krankheiten geht.

In medizinischen Kreisen steht man heute dem Wirken

des Medizinmannes nicht mehr ganz ablehnend gegenüber. In manchen Krankenhäusern der Vereinigten Staaten wird sogar, wenn es der Patient oder die Angehörigen wünschen, ein Medizinmann hinzugezogen, der dann eine Zeremonie durchführt. Die moderne psychosomatische Medizin spricht heute dem psychisch-geistigen Faktor wie dem Vertrauen in den behandelnden Arzt, der Bearbeitung von Lebensproblemen und der allgemeinen Atmosphäre eine reale, gesundmachende Bedeutung zu, obwohl die Praxis eher noch von der rein naturwissenschaftlich-technischen Auffassung geprägt ist. Nachgewiesen sind physiologische Zusammenhänge von *psychischer Verfassung und dem Immunsystem des Körpers*. Die positive Einstellung stärkt die Abwehr. Es geht sogar so weit, daß Scheinmedikamente, die dem Patienten verabreicht werden, durchaus – wenn auch nicht in jedem Fall – die gewünschte Wirkung zeigen und Stoffe, die vermeintlich zugeführt werden, tatsächlich im Blut des Patienten in erhöhter Konzentration vorkommen, daß sie also aufgrund seiner Vorstellung vom Körper gebildet werden. Damit ist allerdings noch lange nicht das Wesen der Heilkunst einer jahrtausendealten Kultur erklärt. Es wird zumindest der Raum offen gehalten, daß das geistige Erleben einen wichtigen Faktor bei körperlichen Vorgängen darstellt. In diesem Zusammenhang gibt es keinen Zweifel, daß menschliche Zuwendung, das Auflegen der Hände, verstehendes Gespräch und Segnen heilende Wirkungen auslösen oder verstärken können.
Wesentlich beim Heilen der alten indianischen Tradition ist die Priorität des spirituellen Erlebnisses, des Umgangs mit den helfenden Geistern, verbunden mit dem Ziel, daß der Kranke seinen Platz im Universum sieht, daß der Mensch sich im Grunde wandelt und daß er eine neue Einstellung zur Krankheit, zum Leben und zum Tod findet. Der Kranke ist in der Tiefe seiner Existenz herausgefordert, und auf dieser Ebene soll er auch

reagieren. Hier berühren sich die ganzheitliche Betrachtung von Gesundheit und Krankheit einer jahrtausendealten Tradition und die Heilungen Jesu, die wesentlich existentielle Begegnungen sind.
Während die moderne Medizin mit äußeren Mitteln in die physiologischen Abläufe einzugreifen versucht, geht es in der indianischen Heilkunst um die Beseitigung der Ursache, die in der gestörten Weltharmonie gesehen wird. Der Kranke – der einzelne oder auch der ganze Stamm – ist aus dieser Harmonie von Mensch, Kosmos und Schöpfung herausgefallen und muß wieder zurückgebracht werden. Anders ausgedrückt: Die indianischen Heiler verfügen über die Kraft, in die Schichten des Unbewußten einzugreifen, wo Körperliches, Psychisches und Spirituelles einander berühren. Von dorther geschieht denn auch eine Wandlung des ganzen Menschen.
Die Frage, was denn nun ein Medizinmann sei, läßt sich demnach etwa so beantworten: ein Mensch mit heilenden Kräften, was mehr bedeutet als Wissen um Krankheiten und Heilkräuter; es ist eine Fähigkeit aus der Mitte seines Wesens, die er sich durch seine *ganz persönliche Lebensgeschichte* erworben hat. Dazu gehört der Aufenthalt in der Einsamkeit und das Erleben einer großen Vision; ein Ereignis, das mit gewaltigen inneren Krisen und Umbrüchen verbunden ist und das ihn mit der in der Natur und in ihm selbst wirkenden Kraft in Verbindung bringt.

2. Der kraftlose Heiland – Jesus, der Mann der Kraft

Barrieren der Begegnung

Es sollte Christen, vor allem Theologen, zu denken geben, wenn außerchristliche Religionen eine gewaltige Faszination ausüben einfach dadurch, daß sie eine stärkere religiöse Kraft in sich tragen und Wege aufzeigen, sie zu erlangen. Man muß sich fragen: Wer ist Jesus, von dem die ersten Jünger sagten, daß er der von Gott gesandte »Retter der Welt« (Joh 4,42) ist, »durch den und auf den hin alles geschaffen wurde« (Kol 1,16)? Der Titel »Heiland«, den er im deutschen Sprachgebrauch als Lehnübersetzung des griechischen Wortes sotèr = Retter als häufigsten Ausdruck der Verehrung erhalten hat, läßt sofort an »heilen« denken und nichts liegt näher als darin den »Heiler« zu sehen (wörtlich den »Heilenden«).

Während – wie schon gesagt – der Archetyp des Medizinmannes heute Menschen in seinen Bann zieht, scheint die Anziehung des »Heilands« ziemlich erloschen zu sein. Das Bild des Heilandes hat offensichtlich seine Kraft verloren.

Wir werden an Darstellungen vom »lieben Heiland« erinnert, der mit seinen allzu gütigen und milden Gesichtszügen und dem offenen Herzen eine eher abstoßende Gestalt aus einer fremden, irrealen Welt darstellt; der nicht nach einem Hohenpriester aussieht, »der mitfühlen könnte mit unseren Schwächen und der in jeder Hinsicht auf gleiche Weise versucht wurde« (Hebr 4,15). Der Heiland, wie er uns seit dem 19. Jahrhundert vermittelt wurde, ist freundlich und lieb, aber irgendwie kraftlos: Die Menschen unserer Zeit trauen es ihm nicht

zu, auch die verworrenen, oft verdunkelten und beschämenden Anteile ihrer Persönlichkeit zu verstehen und anzunehmen.
Ganz anders ist jedoch der Eindruck, den eine Christus-Ikone des 11. Jahrhunderts vermittelt[11]. Das Gesicht trägt ernste, ruhige, besonnene Züge, die trotzdem etwas von Leichtigkeit an sich haben. Die dunklen Augen scheinen einen Blick in die Tiefe freizugeben, in der »Christus dem Drachen das Haupt zerschlagen hat«, wie es in der Liturgie von der Taufe Jesu heißt. Einen solchen Heiland könnten wir uns als sicheren Begleiter vorstellen, wenn die Fluten der Angst und Verzweiflung über uns zusammenschlagen. Einem solchen Retter könnten wir uns anvertrauen, wenn wir in Dunkelheiten unseres Lebens verwickelt sind.
Damit ist angedeutet, in welcher Ecke die Barrieren vor einer lebendigen Begegnung des modernen Menschen mit Jesus zu suchen sind. Es läßt sich auf den kurzen Nenner bringen: Werde ich im Rahmen der Verkündigung mit meiner Geschichte, mit meinen Lebensimpulsen und mit meinen Verwirrungen und Sackgassen ernst genommen? Wer sich von der Kirche lossagt oder lieber woanders Antwort auf seine religiösen Fragen sucht, drückt seine Ablehnung ungefähr so aus: »Dieser Jesus, der mir da verkündet wird, ist mir fern und fremd, zu abgehoben, mit zuviel Allmacht und Würde, oder aber auch mit zuviel Liebe ausgestattet. Die Geschichten um ihn, wie sie erzählt und vor allem wie sie gedeutet werden, erscheinen mir zu glatt. Man weiß von vornherein, wie es ausgeht: Entweder er wirkt ein Wunder oder er bekommt am Ende doch recht oder er wird zu Unrecht verfolgt. Dazu wird einem ständig eingeredet – oft mit einem überlegenen Lächeln sogar –, daß wir ja *schon erlöst* sind, daß uns Gott ja schon alle angenommen hat; daß wir es ja *nur* zu glauben bräuchten (aber es aus Trägheit, Feigheit und Verhärtung nicht tun).« [Der letzte Satz wird heute zwar nicht mehr so ausgespro-

chen, ergibt sich aber aus dem vorausgehenden]. »Es scheint so, als ob man sich nur einen kleinen Ruck zu geben bräuchte, dann ist man schon in einer ganz anderen Welt. Vor allem aber bleibt der Eindruck, als wolle man mir etwas überstülpen, was ich gar nicht bin und nicht will.« Dabei ist dem Verkündiger guter Wille und angestrengtes Bemühen meist gar nicht abzusprechen. Hier ist offensichtlich die Beziehung gestört. Mit anderen Worten: Wer als Zuhörer nicht ernst genommen wird, wird auch den anderen mit all dem, was er sagt, nicht ernst nehmen. Auf diese Weise geschieht es immer noch, daß dieser Jesus in den Bereich des Unwirklichen gerät und der Welt, in der Menschen heute leben, entrückt wird. Es braucht einen dann nicht zu wundern, wenn einem die Frage gestellt wird, ob Jesus wirklich gelebt hat.

Existentielle Gleichzeitigkeit

Nun sollte man nicht außer acht lassen, daß sich die wissenschaftliche Schriftauslegung, die sogenannte historisch-kritische Exegese, durchaus redliche Mühe gibt, den historischen Kern der Aussagen über Jesus herauszuarbeiten, um damit einen gesicherten Boden zu gewinnen. Andererseits wird darüber geklagt, daß diese Methode wenig hilfreich sei, um den Mann aus Nazaret zu verstehen und für die Menschen unserer Zeit zu erschließen. Die wissenschaftliche Forschung im Bereich der alten Texte läßt sich vergleichen mit der Arbeit der Archäologen. Man findet Bruchstücke und versucht, sie zu einem Ganzen zu rekonstruieren. Der Unterschied besteht allerdings darin, daß die Archäologen für das Museum arbeiten und damit ihre Aufgabe erfüllt sehen dürfen, während der Theologe aufgrund der alten Vorlagen Räume schaffen soll, in denen Menschen von heute leben und atmen können. Daß dies nur schwer gelingt, ist einzusehen. Selbst wenn es möglich wäre, eine annähernd historisch gesicherte Dokumentation des Lebens Jesu zu erstellen, wären wir dem Verständnis seiner Persönlichkeit, der Intention seines Lebens, genau so nahe oder entfernt wie die Menschen der damaligen Zeit. Die Berichte sagen, daß er den meisten seines Volkes ein Fremder geblieben ist, vor allem der führenden Schicht. Die historische Gleichzeitigkeit, die man durch die Forschung zumindest in Ansätzen herzustellen versucht, ist noch lange kein Garant, daß Jesus für unsere Zeit Bedeutung bekommt, nach christlich-kirchlicher Lehre sogar die eines Heilands. Aufschlußreich ist in diesem Zusammenhang die Überlegung des dänischen Philosophen Sören Kierkegaard, auf den Eugen Drewermann in seinem Werk »Tiefenpsychologie und Exegese«[12] zurückgreift. Der Vorwurf an die historisch orientierte Theologie lautet, daß das ständige Reden von einer einmalig geschehenen Offenbarung geradezu verhindere, daß sich Offenbarung im Sinne von Ergriffensein heute noch ereigne; wenn es darauf ankäme, möglichst viel Wissen über den historischen Jesus anzusammeln, hätte jeder der Pharisäer einen riesigen Vorsprung. Statt dessen gehe es darum, kein Pharisäer zu werden, sondern auch ohne historisches Vorwissen im existentiellen Sinn ein Gleichzeitiger zu werden. Damit ist gemeint, daß wir über das, was für uns existentiell bedeutsam ist, über unser Erleben und Denken mit denen, die vor uns gelebt haben, in Kontakt treten können. Wir werden das Gedicht Goethes »Über allen Wipfeln ist Ruh« und sein Gemüt dann am ehesten verstehen, wenn wir uns an einem Sommerabend auf einer abgelegenen Waldwiese niederlassen, bewußt die Stille wahrnehmen und sie auf uns wirken lassen. Auf diese Weise werden wir mit dem Verfasser existentiell gleichzeitig. Wann und wo er das Gedicht geschrieben hat, ob in Weimar oder auf der Reise nach Rom, ist für ein Nachvollziehen der Stimmung ziemlich unbedeutend. Dasselbe möchte Kierkegaard und mit ihm Drewermann zum Verständnis der Hl. Schrift sagen: Es gilt nicht bei den äußeren Tatbeständen anzuknüpfen, sondern im inneren Erfahrungsraum seelischer Zustände.

Wer in seinem Leben mit Angst, Dunkelheit und Verzweiflung oder mit einem Durchbruch zur Nähe Gottes konfrontiert wurde und lernen mußte, sich in Bewußtheit damit auseinanderzusetzen, wird Berichte über Heilungen, über Dämonenaustreibungen und über beglückende Begegnungen mit Jesus mit anderen Augen lesen als jemand, bei dem alles glatt ging, der sich immer aus Konflikten heraushalten konnte, der sich nie von den Problemen der Menschen um ihn herum berühren ließ, der aber auch nicht weiß, welche Erschütterungen, welches Leiden und welches Glück die Erfahrung der religiösen Tiefe auslösen kann. Wer es durchgestanden hat, weiß, was Gnade und Erlösung, und auch, was Sünde, verstanden als Gottesferne, ist.

Soll Jesus aus der Fremdheit der abstrakten Rede in die Nähe der heutigen Menschen mit ihren Fragen, mit ihrer Leere und Zerrissenheit und ihrem Durst nach Leben geholt werden, ist nichts nötiger als wach zu werden für das, was in uns selbst vorgeht und der Heilung bedarf, und für das, was ans Licht möchte. Alles hängt davon ab, ob wir uns dem wirklichen Gefühl und damit den tieferen Ansprüchen unserer Existenz stellen. Darunter verbirgt sich die Sehnsucht nach Urerfahrung des Religiösen, die heute viele in buddhistischen Klöstern in Nepal oder bei Naturvölkern suchen.

Wir sollten das Wort »Natur« einmal ganz wörtlich und ganz ernst nehmen. Wenn auf dem Konzil von Chalzedon (451) gesagt wird, daß Jesus eine wahre göttliche und eine wahre menschliche Natur besitzt und »uns seiner Menschheit nach wesensgleich ist«[13], müßten Berichte über Naturreligionen auch etwas über die Art seiner religiösen Erfahrung als Mensch aussagen. Es geht nicht darum, den Jesus unseres Glaubens in Frage zu stellen oder ihn mit Heidnischem zu vermischen, sondern darum, uns mit *Grundbewegungen menschlicher Existenz* vertraut zu machen, und darum, wie Krankheit und Heillosigkeit aus den geistigen Wurzeln des Menschseins überwunden werden können. Wenn wir daran festhalten, daß Jesus *wahrer Gott* und *wahrer Mensch* ist, dann werden die Bemühungen, welche die heilenden Kräfte der Seele und der Natur zu erhellen versuchen, die Größe Jesu nicht antasten, sondern eher ein tieferes Verständnis seiner Persönlichkeit erschließen. Um Aufmerksamkeit für Hergebrachtes und Eingeschliffenes, in diesem Fall für die christliche Tradition mit ihren Grundüberzeugungen zu wecken, ist es kein falscher Weg, das Alte in einen Rahmen zu stellen, der das Interesse eines großen Publikums schon gefunden hat. Ein solcher ist, wie zu Beginn schon erwähnt, die geistige Welt der Ureinwohner Amerikas und der Hochreligionen Asiens.

Der andere Weg ist der der Tiefenpsychologie. Sie liefert den Rahmen und das Instrument, um über Vorgänge in der Seele, über das, was im gesprochenen Wort und bei Handlungen mitschwingt und mitbestimmend ist, etwas zu sagen. Mit ihrer Hilfe ist es möglich, an die Quellen spontaner seelischer Äußerungen heranzukommen, Abläufe nicht nur zu verstehen, sondern auch Wandlungen einzuleiten. Auf dem Hintergrund der Jungschen Psychologie werden Zusammenhänge von dogmatischen Aussagen, Symbolen und Riten mit den Grundstrukturen der Seele einsichtig. Eines läßt sich nach langjährigem Umgang mit Träumen und anderen Äußerungen der unbewußten Seele sagen: Je mehr wir unsere eigene Seele kennenlernen, desto vertrauter wird uns auch Jesus, mit dem wir durch gemeinsame Natur verbunden sind. Andererseits wird man weder eine fremde Religion noch die christliche verstehen, wenn man die Auseinandersetzung mit sich selbst für überflüssig hält.

Dogmen: Lasten oder Schätze?

Zunächst geht es darum, die Barrieren, die einen Zugang zu Jesus verhindern, genauer anzuschauen. In vielen Stellungnahmen kommt zum Ausdruck, daß ein schlichter Jesus, der als aufrechter Mann mit Gott und mit seiner Zeit gerungen hat, wesentlich sympathischer sei als ein Heiland, König oder gar Sohn Gottes. Es seien die Dogmen des kirchlichen Lehramtes, die einen befreienden und echten Glauben an Jesus verhinderten. Auf sie könne man leicht verzichten, ebenso auf Wunder, die einen eher von Jesus trennten als daß sie zu ihm hinführten.

In einem Artikel von Herbert Haag, »Verehren wir den falschen Gott? Was Jesus wirklich wollte«[14] ist diese Grundstimmung deutlich zu spüren. Der Verfasser betont, daß Jesus kein Religionsstifter sein wollte, daß er nur bei einem einzigen Dogma verblieben sei, nämlich bei der Einzigkeit und Alleinigkeit Gottes, während der Katholik heute in seiner Kirche auf mindestens dreißig Dogmen verpflichtet sei.

Der Grundton ist derselbe wie bei vielen ähnlichen Beiträgen: Dogmen sind Barrieren. Sie engen die Freiheit des Denkens ein. Sie werden eher als Lasten empfunden. Man muß sich allen Ernstes fragen: Ist das kirchliche Lehramt total im Unrecht, wenn es die überlieferten Glaubenssätze als *Schätze* betrachtet, die es sorgfältig zu hüten gilt?

Es ist wahr: Zur Last können Lehraussagen dann werden, wenn nicht einsichtig wird, daß sie etwas mit unserem Leben, mit unserer Erfahrung, mit unserer Not und Hoffnung zu tun haben; wenn sogar unser Verstand aufgrund der kirchlichen Autorität zur Annahme gezwungen werden muß. Mit Recht erhebt sich die Frage: Kann es Jesus gewollt haben, daß um seinetwillen Menschen unter Druck gesetzt werden und ihnen Schlimmes angetan wird?

Man kann das Problem mit den Dogmen aber auch anders sehen. Romano Guardini sagte in einem Gespräch mit Professor Dürckheim, der die spirituelle Welt des Zen nach Europa bringen wollte: »Wir vergessen zu leicht, daß jeder religiöse Begriff in seinem Ursprung eine Deutung einer persönlichen Erfahrung ist«[15].

Der Tiefenpsychologe C. G. Jung betont, daß man in religiösen Dingen nichts verstehen könne, was man nicht innerlich erfahren habe. Er beklagt es, daß christliche Erziehung nicht zu der Erfahrung hingeführt habe, daß die göttliche Gestalt – damit meint Jung alle Bilder und Aussagen des Religiösen – innerstes Eigentum der eigenen Seele ist. »Ein Christus ist ihnen nur außen begegnet, aber nie aus der eigenen Seele entgegengetreten; darum herrscht dort noch finsteres Heidentum«[16]. Die Kirche müsse deshalb mit ihrer Arbeit von vorne beginnen. Es sei nicht gelungen, die Seele des Europäers bis zu dem Grade zu christianisieren, daß Forderungen der christlichen Ethik irgendeinen maßgeblichen Einfluß auf seine wichtigsten Belange hätten.

Er definiert die Religion als die besondere Einstellung eines Bewußtseins, welches durch die Erfahrung des Numinosum verändert worden ist. Hier stellt sich die Frage, ob man mit dem rationalen, objektivierenden Erkennen, welches Grundlage der Wissenschaft ist und welches ein Dogma zum bloßen Objekt macht, der Persönlichkeit Jesu gerecht wird. Was kann ein denkendes Ich, das von der Kraft des Religiösen nicht ergriffen und verändert wurde, von religiösen Wahrheiten verstehen und darüber aussagen?

Anstatt über Dogmen zu streiten und seinen Zorn über scheinbare Unzumutbarkeiten auszuschütten, würde es weiterführen, den *Rahmen* des eigenen Denkens und Wahrnehmens etwas kritischer zu betrachten. Schon eine alte scholastische Erkenntnis lautet: Alles, was wahrgenommen wird, wird nach der Art und Weise des Wahrnehmenden wahrgenommen[17]. Damit trifft sich die mittelalterliche Weisheit mit der modernen Wahrnehmungspsychologie, welche nachgewiesen hat, daß innere Faktoren die Wahrnehmung wesentlich bestimmen. Wir wählen nur die Dinge aus, die uns wichtig sind, geben ihnen eine bestimmte Note und ordnen sie in einen schon vorgegebenen Rahmen ein. Jede Erkenntnis ist deshalb wesentlich vom erkennenden Subjekt, von dessen Vorerfahrungen, emotionalen, rationalen und weltanschaulichen Einstellungen geprägt.

Die Kritik der modernen Zeit an den Dogmen und den Aussagen der Hl. Schrift wird mit dem Anspruch auf intellektuelle Redlichkeit begründet. Dabei darf die Frage erlaubt sein, wer diesem sicher berechtigten Anspruch mehr genügt: Wer von einer rein rationalen Denkweise ausgeht und alles, was nicht in diesen Rahmen paßt, für Phantasie, Unsinn und sogar Betrug hält? Oder wer demütig genug ist, die Voraussetzungen und Grenzen der eigenen Vernunft zu überprüfen? Eine von Zorn und Ablehnung gefärbte Einstellung wird keinem Menschen gerecht, noch weniger einer Religion. Es geht um den Schritt in eine andere Bewußtseins- und Erkenntnisform, welche mit dem Einsatz der eigenen Person, mit Ehrfurcht, Vertrauen, Liebe und mit der Suche nach existentieller Wahrheit und Vertiefung zu tun hat. Wir öffnen damit so nach und nach den verengten Horizont des neuzeitlichen rationalen Denkens und haben die Chance, in den Erlebnis- und Denkrahmen einzutreten, aus dem heraus die Aussagen über Jesus gemacht wurden. Man muß dabei nicht seinen gesunden Menschenverstand verleugnen. Es geht hier um Prozesse, die nicht unmittelbar unserem Willen unterliegen, sondern von der anderen Seite unserer Seele gelenkt werden. Aber wir können viel dazu beitragen, daß sie in Gang gesetzt werden. Im Grunde geht es um Glaube, Hoffnung und Liebe. Jung fügt hinzu: um Erkenntnis. Er nennt sie die vier höchsten Errungenschaften menschlichen Strebens. Als solche sind sie Gnaden, die man weder lehren noch lernen kann, die an das menschlicher Willkür entzogene Erlebnis gebunden sind. Erlebnisse können nicht gemacht werden, aber man kann sich ihnen nähern. Dies verlangt allerdings eine ernste und gültige Entscheidung.

Das Rätsel, das mit dem Verstand nicht gelöst wird

Ein anderer Zugang zu einem überrationalen Verständnis der heiligen Texte bietet die aus dem fernen Osten kommende gegenstandslose Meditation des Zen. Es geht nicht um Inhalte, sondern um die *Art zu sein* und damit die Art des Denkens und Erlebens. Anschaulich wird dies durch die Praxis des Koan. Der Schüler fragt den Meister: Wo ist der Eingang in das Lotus-Land? Das heißt: Wie finde ich zur Erleuchtung? Der Meister antwortet: Höre das Murmeln des Baches! Vom ersten Eindruck her ist die Antwort unsinnig, absurd. In Wirklichkeit geht es darum, dem Schüler klar zu machen, daß das Ziel des inneren Weges nicht durch rationales Begreifen errungen werden kann. Der Schüler muß sich vom logisch-kausalen Denken lossagen und sich ganz auf die Übung des Atmens und Sitzens einlassen; dort wird er den Eingang in das Blütenland finden und den Bach murmeln hören, anders als vor dem Zustand der Erleuchtung; d.h. er tritt in einen Rahmen des Wahrnehmens und Verstehens ein, der außerhalb des Gewöhnlichen liegt und mit der herkömmlichen Logik nicht beschrieben werden kann, der jedoch den Kern des Lebendigen ausmacht. Für einen, der nie Zen geübt hat, wird der Satz des japanischen Meisters Suzuki immer ein Rätsel bleiben: »Wer eine bescheidene Blume an der zerbröckelnden Mauer in ihrem Wesen verstanden hat, der hat die ganze Welt und alle Dinge diesseits und jenseits der Welt verstanden«[18]. Hier kann man weder beweisen noch widerlegen noch sich distanzieren, sondern hier gilt: Wer mit diesen Worten etwas anfangen will, muß sich auf das ganze System des Zen einlassen, d. h. nicht mehr aufhören zu üben. Zen lehnt alle Begrifflichkeit ab, er will das ursprüngliche, schöpferische, unmittelbare Sein, nicht die Diskussion darüber.

Jahrelanges regelmäßiges Sitzen in der Stille verändert. Dies ist die Erfahrung vieler. Der Schwerpunkt des Erlebens verlagert sich vom rein Rationalen ins Emotionale und Spirituelle, von der Oberfläche in die Tiefe, von außen nach innen. Vor allem wird der Sinn geweckt für das *Numinose*, für das Religiöse als solches. Man spürt es in den Texten, sie werden als erfüllt empfunden, während sie früher langweilig waren. Was einmal Unverständnis und Abwehr auslöste, sogar als Zumutung erschien, darin entdeckt man seine eigene Seele.

Die Priorität der Erfahrung ist das Kennzeichen der östlichen spirituellen Wege. Das ist der Grund, warum diese auf die von Religion entleerte westliche Welt eine gewaltige Faszination ausüben – im Unterschied zum Christentum, welches den Menschen ein festes System von *Glaubenslehren* vorlegt, die mit dem Leben des einzelnen nichts zu tun zu haben scheinen. Dabei sind die *Aussagen der Hl. Schrift* nichts anderes als der Versuch, einen *überwältigenden spirituellen Erlebnisraum* in menschliche Worte zu fassen. Wer genau hinschaut, wird sogar beeindruckende Parallelen entdecken zu den Gipfelerfahrungen des Zen. Um beim Satz von Suzuki zu bleiben: Die bescheidene Blume an der zerbröckelnden Mauer, durch die ein Erleuchteter die ganze Welt und alle Dinge versteht, erinnert an die Lilien des Feldes (Mt 6,28), von denen Jesus sagt, daß sie wunderbarer seien als alle Pracht Salomons. Oder anders ausgedrückt: Wer in einer einzigen Wiesenblume mehr Schönheit sieht als in einem orientalischen Märchenschloß, der spricht aus demselben Erlebnisgrund, den auch Suzuki meint. Es trifft auch auf den

Schöpfer der Bergpredigt zu, daß er im Wesen der Lilie »die ganze Welt und alle Dinge diesseits und jenseits versteht«[19].

Ein Dogma wie ein Koan betrachten, sich an ihm reiben, sich auf eine tiefere religiöse Ebene einlassen, das kritische Denken in seine Grenzen verweisen, weil es die letzten existentiellen Belange nicht begreifen kann, den Schwerpunkt auf die Erfahrung setzen – dies ist der Weg, um eine jahrtausendalte Weisheit zu erschließen, um den Reichtum der eigenen Seele zu beleben und um jenem Horizont menschlicher Größe nahe zu kommen, unter dem die Zeugnisse der ersten Christen entstanden sind.

Jung meint zu diesem Thema: Die Dogmen der Kirche sind die schönsten Schöpfungen der Seele, welche die Entsprechungen, die das Dogma formuliert hat, enthält[20]. Das heißt: Wenn ich ein Dogma verstanden habe – wie einen Menschen, dessen Lebensgeschichte und Wesen mir nahegeht –, habe ich etwas von mir selbst verstanden, von meinem Schicksal, von meiner Zukunft, von meinen Lebenszielen.

Nehmen wir die Wesensverwandlung in der Eucharistie, um die unter Christen lange gestritten wurde. Brot und Wein werden, so die kirchliche Lehre, in den Leib und in das Blut Christi verwandelt. Aus der Liturgie geht hervor, daß die Gaben für die, die sie darbringen, stehen. Es geht also um Wandlung der Anwesenden, ihres Bewußtseins und ihres Unbewußten, ihrer Antriebe und Wünsche, ihres Denkens und Erlebens. Bei Feiern mit besonderen Anlässen oder bei solchen, die durch einen Selbsterfahrungskurs vorbereitet wurden, geschieht es tatsächlich, daß die Teilnehmenden ergriffen sind und einander näher kommen. Wenn das Dogma im letzten diese Wandlung meint, dann wird der Satz von Jung verständlich, daß die Seele dem Dogma entspricht; denn gerade der Aufbruch der Esoterik, den wir als spontane Bewegung der Seele betrachten dürfen, zeigt die tief verwurzelte *Sehnsucht* der Menschen nach einem geistigen Erleben, das Bedürfnis, über sich selbst hinauszuwachsen und der Eintönigkeit der Arbeit und des Konsums zu entrinnen. Man ist sogar bereit, Unverständliches hinzunehmen um des Erlebnisses willen, das einen der Einsamkeit, der Leere und dem emotionalen Stillstand entreißt; hingegen wird das Paradoxe an kirchlichen Aussagen als unsinnig oder sogar als Machtinstrument zur Unterdrückung der Freiheit und Lebendigkeit betrachtet. Jung hat hier wiederum eine dem modernen Zeitgeist sehr entgegengesetzte Meinung. *Das Paradoxe ist gerade das Wesentliche an den Dogmen.* Denn die Transzendenz, die unseren Intellekt überschreitet, wird, so Jung, eher durch paradoxe als durch eindeutige Aussagen angemessen ausgedrückt. Hat nicht der große Philosoph des ausgehenden Mittelalters, Nikolaus von Kues, dasselbe gemeint, wenn er von Gott als dem Zusammenfallen der Gegensätze (coincidentia oppositorum) spricht? Jung bedauerte es sehr, daß der moderne liberale Geist kein Verständnis mehr für die Schätze der Tradition aufbringt. Es sei ein großer Verlust für die Seele, wenn man jene Inhalte, um deren Formulierung sich die großen Geister vor Jahrhunderten bemüht haben, unverstanden auf die Seite legt.

»Die Paradoxie gehört sonderbarerweise zum höchsten geistigen Gut; die Eindeutigkeit aber ist ein Zeichen der Schwäche. Darum verarmt eine Religion innerlich, wenn sie ihre Paradoxien verliert oder vermindert, deren Vermehrung aber bereichert, denn nur das Paradoxe vermag die Fülle des Lebens annähernd zu fassen, die Eindeutigkeit und das Widerspruchslose aber sind einseitig und darum ungeeignet, das Unerfaßliche auszudrücken«[21].

Allerdings komme es auf die Geisteskraft an, damit man eine Paradoxie ertragen und darin sogar höchste religiöse Gewißheit finden könne. Seit der französi-

schen Aufklärung, welche sich auf die Ausschließlichkeit des Rationalen festlegte, sei ein enormer Rückschritt im Hinblick auf das Erfassen existentieller Wahrheiten eingetreten. Es bestehe heute die Aufgabe, den unentwickelten Verstand wieder auf eine höhere Stufe zu bringen, damit er wenigstens eine Ahnung vom Umfang einer paradoxen Wahrheit aufbringe. Gelinge dies nicht, so könne der geistige Zugang zum Christentum als verschüttet gelten, und – wir dürfen hinzufügen – auch der zu jeder anderen Religion.
Damit steht Jung im Gegensatz zu allen aufgeklärten Geistern auch unter jenen Theologen, welche von Dogmen nicht viel halten und diese möglichst auf ihren einseitig-rationalen Verstehensrahmen zurechtschneidern wollen.
Die Frage ist, ob man das Dogma der Vernunft anpassen soll, oder ob man, ähnlich wie im Zen, die Herausforderung einer paradoxen Aussage annimmt und sich auf einen Prozeß einläßt, der Räume des Erlebens und Denkens öffnet, wo uns Christus aus der eigenen Seele entgegentritt.
Um noch einmal ein Mißverständnis abzuwehren: Es geht nicht darum, daß wir blind gegen die eigene Überzeugung Unverständliches annehmen, sondern daß wir eine innere Beziehung zum Inhalt der Glaubensaussagen bekommen, daß »die Brücke vom Dogma zum Erleben«, wie Jung sagt, wiederhergestellt wird.

Die Hilfe der Tiefenpsychologie

Bei diesem Problem bietet sich die Tiefenpsychologie als Hilfe an; denn sie sieht es als Aufgabe, Vorgänge unserer Seele, die nicht von unserer rationalen und willentlichen Seite ausgehen, zu erforschen und dem Bewußtsein zugänglich zu machen. C. G. Jung sieht die religiösen Äußerungen der Seele als eine Fundgrube für eine umfassende Erkenntnis menschlicher Existenz an. Gegen die Tiefenpsychologie hat sich in den letzten Jahren bei der Auseinandersetzung mit Eugen Drewermann in kirchlichen Kreisen ein erheblicher Widerstand gebildet. Man befürchtet, daß die Wissenschaft von der Seele – ganz gleich welcher Richtung – den Menschen jeweils in ein Schema preßt und das eigentliche unsagbare und unverstehbare Geheimnis entwertet. Der Zweifel ist berechtigt bei einer sogenannten *reduktiven Einstellung*, d. h. bei einem sogenannten wissenschaftlichen Erklärungsversuch, welche die außerordentlichen Phänomene auf einige bekannte Ursachen zurückführt. Ihr Kennzeichen ist die Aussage: »Es ist nichts als …«. So sieht Freud in der Vorstellung von Gott nichts als den überhöhten Vater. »Alles ist das Sohn-Vater-Verhältnis, Gott ist der erhöhte Vater«[22]. Jung wendet sich entschieden gegen diese Auffassung, weil sie den wahren Schöpfungen des Geistes nicht gerecht wird. In seinem Kommentar zum Tibetanischen Totenbuch macht er auf den Unterschied zwischen dem Charakter einer Dissertation und dem eines heiligen Textes aufmerksam. Ein Wissenschaftler sollte nicht vergessen, daß seine objektivierende Betrachtung die emotionalen Werte eines Textes möglicherweise in unverzeihlichem Ausmaß verletzt. »Der Psychologe, der einen heiligen Text behandelt, sollte sich zum mindesten bewußt sein, daß dieser Stoff einen unschätzbaren religiösen und philosophischen Wert repräsentiert, der nicht durch profane Hände entweiht werden sollte«[23]. Er will den Text nicht durch plumpe Kritik zergliedern, sondern dessen symbolische Sprache *amplifizieren*, d. h. durch Parallelen zu schon Bekanntem erweitern. Damit verliert Unverständliches von seiner Fremdheit und wir können eher damit umgehen. Warum sollten wir dieselbe Haltung der Ehrfurcht, die Jung gegenüber dem Tibetanischen Totenbuch für angemessen hält, nicht auch für die christliche Überlieferung einnehmen?

Eine tiefenpsychologische Sicht der Hl. Schrift und kirchlicher Lehraussagen will eben nicht durch Begrifflichkeiten die Ursprungszeugnisse entwerten und banalisieren, sondern sie dem Verstehen und Erleben öffnen. Wie in der Therapie und im seelsorglichen Gespräch geht es um Fühlung, welche der Zuhörer bzw. der Leser mit der Seele des Verfassers bzw. den handelnden Personen der heiligen Texte aufnimmt. Fühlung bedeutet, daß sich der Erlebnisgrund des einen auf den des anderen einschwingt. Ziel müßte sein, den emotionalen und den spirituellen Gehalt der Hl. Schrift im Hier und Jetzt wachzurufen. Es ist eine Frage der Entscheidung: Will ich den vorliegenden Text auf Bekanntes reduzieren und in ein System einordnen oder will ich mich von ihm ergreifen und wandeln lassen?

Statt »nichts als«: »mehr als«!

Voraussetzung für die Besserung und Heilung eines Menschen sind Begegnung, Verstehen und Annehmen. Der Ansatz der Tiefenpsychologie ist insofern hilfreich, als er durch die Traumarbeit auch die noch nicht bewußten Faktoren und Aspekte des Erlebens und Denkens berücksichtigt. Träume sind Momentaufnahmen des Unbewußten und ihre Deutung ein Hineinleuchten in die noch dunklen, d. h. unbewußten Innenräume. Ähnliches kann man auch von selbstgemalten Bildern und Phantasiegeschichten sagen.

Wenden wir das Gesagte auf die Auslegung der Hl. Schrift an, heißt das, daß gerade jene Texte, die von der historisch-kritischen Methode als legendär oder als mythologisch bezeichnet werden, das *reale Erleben* der handelnden Figuren zum Inhalt haben. Es geht um eine Wirklichkeit, welche den Denk- und Erfahrungsrahmen des normalen und gewöhnlichen Menschen von damals und heute sprengt und deshalb nicht mit festabgegrenz-

ten Begriffen einzuordnen, sondern nur in Bildern angemessen auszudrücken ist.
Die Tiefenpsychologie fordert eine Aufwertung der Symbole und symbolischen Aussagen, weil sie *existentielle Bedeutsamkeit* vermitteln und einen ganzheitlichen Wandlungsprozeß auslösen. Statt mit einem reduktiven »*Nichts als*« den Wert der heiligen Texte zu zerstören, ist die Einstellung, welche um numinose Erfahrungen weiß und sie ernst nimmt, davon überzeugt, daß es immer um ein »*Mehr als*« das Wahrgenommene und Gesagte geht.
Angewandt auf das Thema Jesus heißt das, daß eine tiefenpsychologische Betrachtung der Gestalt Jesu in erster Linie *Begegnung* ist. Wie für Jung Psychotherapie ein Heilungssystem ist, das sich in der Auseinandersetzung und im vertrauensvollen Zwiegespräch entfaltet, und wie sich das Innere eines Menschen nur unter »vorurteilsfreier Objektivität« (Jung) und »bedingungsloser Wertschätzung« (Carl Rogers) öffnet, so geht nur unter diesen Voraussetzungen die Wirklichkeit Jesu auf. Inhalt einer tiefenpsychologischen Betrachtung ist der Raum des Emotionalen und Spirituellen, welcher zwar an historische Fakten gebunden ist, aber nicht mit diesen in Konkurrenz treten kann. Dazu gehört auch, daß der Fluß der Gefühle, Antriebe, Impulse und Reaktionen seine eigenen Gesetzmäßigkeiten mit einer zeitlosen Gültigkeit hat – was Jung mit dem vielzitierten Begriff der Archetypen ausdrückt.

Das Reich Gottes – eine tiefenpsychologische Größe

Es geht darum, das Werk Jesu unter diesem Aspekt zu betrachten. Es herrscht heute allgemeine Übereinstimmung, daß im Mittelpunkt des öffentlichen Wirkens Jesu das Reich Gottes steht. »Erfüllt ist die Zeit, und genaht hat sich das Reich Gottes; bekehrt euch und glaubt an die Frohbotschaft« (Mk 1,15).

Nun steht sofort die Frage vor uns: Was ist damit gemeint? Es wäre zu vordergründig, würde man sofort an das große kosmische Ereignis der apokalyptischen Reden denken, daß der Himmel einstürzt und Jesus auf den Wolken des Himmels kommt (vgl. Lk 21,25–27). Es ist unter Theologen hinreichend bekannt, daß – wie es in exegetischen Erörterungen heißt – die Kräfte des kommenden Äons in Jesu Wort und Text schon wirksam sind; daß es um eine real dynamische Anwesenheit des Reiches Gottes geht, die jetzt nur vorläufig ist und erst in der Zukunft vollendet wird[24]. Deshalb entspricht es sowohl den Evangelien wie der alten kirchlichen Lehre, wenn gesagt wird: Das Reich Gottes ist unmittelbar mit der Persönlichkeit Jesu verbunden. Jesus verkündet nicht nur die Anwesenheit Gottes; *er ist sie auch*. Sonst wäre seine Botschaft nicht angekommen.

Das Reich Gottes ist weder eine rein jenseitige noch eine nur äußere Größe – auch wenn es äußere Zeichen dafür gibt –, sondern primär eine *personale* mit den bewußten und unbewußten Anteilen der Seele. Die Tiefenpsychologie kann hier eine Brücke schlagen vom rein metaphysischen »Geglaubten« zur äußeren Realität. Die Erfahrung des Religiösen ist für C. G. Jung eine innere Realität wie Liebe und Haß, deren Auswirkungen kein vernünftiger Mensch bestreiten wird. Genauso darf angenommen werden, daß das Reich Gottes eine reale Größe ist. Die Tiefenpsychologie kann deshalb einiges über einen Menschen sagen, in dem die Herrschaft Gottes angebrochen ist.

Jung bejaht im Gegensatz zu Freud eine bewußtseinstranszendente Beziehungsmöglichkeit der Seele mit Gott und sieht sie im mächtigsten, umfassendsten und eigentätig wirkenden, psychodynamischen Faktor, dem Archetyp des Selbst, verwirklicht. Jung kommt es darauf an zu betonen, daß der Boden des Unbewußten

nicht wie bei Freud biologischer und triebhafter, sondern geistiger, sogar göttlicher Natur ist.
Hinter der Triebdynamik, die Freud entdeckte, steht eine noch *mächtigere Geistesdynamik.* Jung beruft sich auf die christliche und außerchristliche Tradition, auf Meister Eckehart, der vom Seelenfünklein spricht, auf Taulers Seelengrund und andere Mystiker, für welche Gott im Menschen wohnt; schließlich auf das Wort im Galaterbrief »Nicht mehr ich lebe, Christus lebt in mir« (Gal 2,20).
Wenn also von einem Menschen gesagt wird, daß in ihm Gott lebendig ist, dann ist der Archetyp des Selbst aktiviert. Er ist primär an seinem *numinosen,* d. h. überwältigenden Charakter zu erkennen. Hier ist an die Visionssuche der Indianer zu denken, an die Erfahrung von etwas Größerem als man selbst ist. Er ist zugleich der Archetyp der Ganzheit, welcher die Gegensätze umschließt und ihnen ihren zerstörerischen Charakter nimmt. In ihm ist eine eigentätig wirkende und schöpferische Kraft, welche eine sinnvolle Wandlung und Entwicklung der Persönlichkeit – Individuation genannt – zum Ziel hat. Dieser Punkt ist universal und individuell zugleich. Bei Selbsterfahrungskursen stellt sich immer wieder heraus, daß die Teilnehmer einander um so näher kommen, je dichter und intensiver sie ihr eigenes Gefühl erleben und es zum Ausdruck bringen. Die abschließende Eucharistiefeier ist immer auch von einer außerordentlichen Tiefe des Erlebens geprägt. Das bedeutet, daß dieser Vorgang, bei dem man sich selbst, den anderen und Gott zugleich nahe kommt, bei dem man die eigene Entwicklung und die des anderen voll bejahen und zulassen kann und bei dem man von Gott ergriffen und gelenkt ist, dem nahekommt, was im Neuen Testament Reich Gottes genannt wird.
Der hl. Franziskus gehört zu denen, die Jesus am meisten verstanden haben und ihm bis in die Tiefenschichten der Seele ähnlich geworden sind. Deshalb ist seine

Persönlichkeit, was er dachte und was er tat, eine Illustration dessen, was mit Reich Gottes gemeint sein kann. Es sei noch einmal verwiesen auf den Sonnengesang und das Thema von der Mitte der Welt. Der Heilige von Assisi war bei der Begegnung mit den Elementen von überströmender Freude und Dankbarkeit dem Schöpfer gegenüber erfüllt.
Was er an der Schöpfung schätzte, sind Spiegelungen der eigenen Seele. Er preist das Licht, weil er um dessen Wert weiß und es selbst in sich trägt; die Kostbarkeit der Sterne, die Reinheit des Wassers, die Güte der Erde sind auch seine eigenen Eigenschaften; ebenso die Kraft zu vergeben und der Mut, dem Tod ins Auge zu sehen, und der Glaube, daß er überwunden ist. Franziskus gestaltete sein Leben höchst individuell und ist doch so universal, daß er heute noch nach 700 Jahren bei Menschen der verschiedensten Weltanschauungen und religiösen Einstellungen anerkannt ist. Die Kraft seiner Überzeugung löste damals eine Bewegung aus, von der seine Freunde sagten: »Es war wie der Einzug des Frühlings in die Welt«[25].

Jesus – der Träger der Erleuchtung

Im Vorausgehenden wurde von der »dynamischen Anwesenheit Gottes« in Jesus und von der »mächtigen Geistesdynamik« gesprochen. Darauf soll noch näher eingegangen werden.
Es gibt ein Ereignis im Leben Jesu, das bei den Evangelisten als Verklärung geschildert wird. »Da wurde er vor ihnen verwandelt, und sein Antlitz leuchtete wie die Sonne, seine Kleider aber wurden weiß wie das Licht« (Mt 17,2). Die Tiefenpsychologie Jungs hat hier keine Schwierigkeit, eine solche Erscheinung ganz wörtlich zu nehmen. Im Mittelpunkt ihres Interesses steht hier nicht die Offenbarung einer metaphysischen Wahrheit, son-

dern der Erlebnischarakter des berichteten Ereignisses. Es ist die Dynamik des Seelengrundes; man könnte sagen: das Seelenfünklein ist zu einem großen Feuer geworden. Die Jünger, die in dieses Geschehen hineingezogen werden, stehen unter dem Eindruck des Unfaßbaren. »Sie fielen auf ihr Angesicht und fürchteten sich sehr« (Mt 17,6). Jung hat sich eingehend mit östlichen Religionen beschäftigt und dem japanischen Zen-Meister Suzuki ein Vorwort zu seinem Büchlein »Die Große Befreiung« geschrieben. Hierin schenkt er dem Satori, dem *Erleuchtungserlebnis*, seine erhöhte Aufmerksamkeit. Er läßt es nicht gelten, daß man Berichte von Erleuchtungen bei Zenleuten als amüsante Märchen abtut, sondern er nimmt sie als erfahrbare Bewußtseinsveränderung ernst. Die oft recht paradoxen Schilderungen solcher Erlebnisse drücken für Jung eher die Sprachlosigkeit in Hinblick auf eine Wirklichkeit aus, die er als Erfahrungen des Selbst als des Nicht-Ich bezeichnet. Sie läßt sich beschreiben als der »Durchbruch der übergeordneten Ganzheit oder des ganz Anderen, welches vom Bewußtsein numinos, als Tremendum und Fascinosum erlebt wird«[26].

Der Jesuitenpater Enomya Lasalle berichtet von Satori-Erfahrungen von Zen-Übenden und vergleicht sie mit den Erleuchtungserlebnissen großer christlicher Mystiker. Er findet auffallende Parallelen zwischen den einzelnen Erscheinungen verschiedener Traditionen.

Das Wort »Erleuchtung« erhält seinen realen Inhalt zurück. Wir können die Verklärung Jesu in diesen Rahmen stellen, ohne ihr etwas von ihrer Einzigartigkeit und Größe zu nehmen. In diesem Sinne geschieht die schon erwähnte Amplifizierung.

Erleuchtung kann nach der Darstellung Lasalles und der angeführten Mystiker beschrieben werden als ein Einswerden des kleinen Ich mit dem Seelengrund, als ein Freiwerden von bedrängenden Emotionen und widersprüchlichen Impulsen, als ein Zustand von tiefster

Ruhe und sprühender Vitalität; als ein Einblick in die tiefsten Geheimnisse des Daseins. Jung betont, daß es sich wesentlich um *Wandlungserlebnisse* handelt, daß in den Texten nicht bloß ein anderes (sonst unzugängliches) Bild oder Objekt beschrieben, daß nicht *anderes* gesehen wird, sondern daß man *anders* sieht.

Lasalle führt christliche Mystiker an, darunter Ignatius von Loyola und Benedikt von Nursia, deren Wandlungserlebnisse mit Lichterscheinungen verbunden waren. Auf dem Berg Athos gibt es Mönche, so Lasalle, die das Taborlicht ausstrahlen[27]. Allerdings könnten es nur Menschen sehen, denen die Gnade Gottes dafür zuteil wird.

Erwähnt sei auch die Begegnung des russischen Gutsbesitzers und Richters Nikolai Motowilow mit dem großen russischen Starzen Seraphim von Sarow. Während eines Gesprächs über den Geist Gottes versucht der Gast in das Gesicht des Meisters zu blicken und sieht eine blendende Sonne. Aus seinen Augen sprühen Blitze. Der Einsiedler versichert ihm, daß er bei ihm (Motowilow) dasselbe wahrnehme. Wenn er (Motowilow) nicht im Geist Gottes wäre, könne er ihn (den Einsiedler) nicht auf diese Weise sehen[28]. Offensichtlich ist das Wahrnehmen des göttlichen Lichtes auf dem Antlitz eines andern an einen gemeinsamen Erlebnisraum gebunden. Es setzt ein tiefes menschliches Verstehen voraus.

Es liegt nahe, an die Verklärung Jesu zu denken (Mt 17, 1–9, Mk 9,2–10, Lk 9,28–36), ebenso an seine Taufe: »Als er gerade aus dem Wasser heraufstieg, sah er den Himmel sich öffnen und den Geist wie eine Taube auf sich herabkommen. Und eine Stimme kam vom Himmel: Du bist mein geliebter Sohn, an dir habe ich mein Wohlgefallen« (Mk 1,10–11). Es ist der Einbruch des Ganz-Anderen in den Lebensraum Jesu, welcher seinem Leben eine ganz neue Richtung gibt.

Wenn aus den verschiedensten Religionen unabhängig

voneinander außerordentliche Phänomene dieser Art überliefert werden, wie es Lasalle nachweist, vor allem aber wenn die Verfassung dieser Menschen ein höchst menschliches und spirituelles Niveau aufweist, dann würde man sich die Sache zu leicht machen, hier von Halluzinationen oder anderen psychotischen Zuständen zu sprechen. Psychose ist Realitätsverlust und Mangel an Unterscheidungsvermögen. Erleuchtete hingegen werden beschrieben als Menschen mit wachem Verstand; gerade das Durchschauen der Wirklichkeit ist ihr Kennzeichen.

Die von Lasalle genannten Mystiker haben gerade durch die genannten positiven Eigenschaften Geschichte gemacht. Die Quelle ihrer Einsichten waren Erleuchtungserlebnisse.

Namen wie C. G. Jung, Karlfried von Dürckheim, Enomya Lasalle stehen für eine Geistesrichtung, welche numinose Erfahrungen als persönlichkeitsprägende Kraft ernst nimmt und damit aber auch einen Zugang zu den heiligen Texten öffnet.

Die Wirklichkeit Jesu zeigt sich in absoluter Güte im Umgang mit den Kranken, mit Zöllnern und Sündern (Mk 1,32–34; Mk 1,40–45; Mt 8,2–13; Mk 2,1–17 usw.). Es wird gesagt, daß von ihm eine heilende Kraft ausströmte (Lk 8,46), daß ihn die Kraft zur Heilung trieb (Lk 5,17).

Wer sich eingehend mit Mystik beschäftigt, wird zum Schluß kommen: Warum sollte das, was bei Mystikern, ob sie nun Jesus kannten oder nicht, an religiösen Erfahrungen geschah, bei Jesus selbst nicht möglich gewesen sein? Könnte es nicht auch so gewesen sein, daß das Phänomen, das bei Heiligen, z. B. der hl. Teresa von Avila, als Ekstase geschildert wird, auch bei Jesus häufig auftrat und daß er einmal die drei ausgewählten Jünger daran teilnehmen ließ?

Was kann man eigentlich gegen die Aussage einwenden: »Die Anwesenheit Gottes in einem Menschen ist wesentlich in seiner *Ausstrahlung* zu erkennen!« Dabei sollten wir den ganzen Bogen sehen vom Leuchten der Augen über das Treffende und Fesselnde seiner Rede bis zum Schöpferischen und Neuen seines Auftretens.

Den Menschen nahe sein

Der Erlebnisraum Jesu ist einerseits durch die Erfahrung des *Numinosen* geprägt. Dies war für ihn der Urgrund, zu dem er immer zurückkehrte und aus dem er schöpfte. Er brauchte deshalb die Einsamkeit und das Abgeschiedensein. »In aller Frühe, als es noch dunkel war, stand er auf und ging an einen einsamen Ort, um zu beten« (Mk 1,35). Der kurze Satz bei Markus drückt die eine Seite des Wesens Jesu aus. Die andere ist die Zuwendung zu den Menschen und die Begegnung mit ihnen. Dies ist die unmittelbare erlebnishafte Folge, d. h. der *spontane Impuls*, nicht die logische Folgerung seiner personalen und unmittelbaren Gottesbeziehung, welche in den Worten »Abba, Vater« (vgl. Mt 11, 25–27; Mk 14,36) und »Mein geliebter Sohn« (Mt 3,17; Mt 17,5; Mk 1,11) zum Ausdruck kommt. Es wurde schon gesagt, daß Jesus an das Selbst angeschlossen war, an dem Punkt stand, wo man Gott, sich selbst und dem anderen nahe ist. Im Lexikon Jungscher Grundbegriffe steht unter Selbstverwirklichung: »Indem sich der Mensch auf das Selbst als das ›ganz Andere‹ beziehen lernt, wird er zugleich *beziehungsfähiger* für das Du und den Nächsten sowie offener für Gott«[29]. Das heißt: Die Ausrichtung der Gefühle verändert sich zugunsten des Nächsten. Wir können andere besser verstehen und annehmen. Es fällt uns leichter, uns für sie einzusetzen. Franziskus fühlte sich von Gott unter die Aussätzigen geführt und »tat an ihnen Barmherzigkeit«.

Daß die drei Aspekte: Gott – Ich – Du harmonisch zusammengehen, ist Ausdruck eines gereiften Menschseins und einer geläuterten Gottesbegegnung.

Der projizierte Archetyp – die blinde Religiosität

Es ist jedoch keine Selbstverständlichkeit, daß das Religiöse auch mit Nächstenliebe einhergeht. Es gibt eine Form des Religiösen, die unfrei macht, sogar fanatisiert, die den Druck, unter dem man steht, an andere weitergibt, die sogar in der Bekämpfung von Menschen anderer Herkunft, anderer Lebensart, Religion und Weltanschauung den Willen Gottes sieht. Jesus trifft bei den Frommen seiner Zeit eine solche Einstellung an; man muß hinzufügen: auch bei seinen Jüngern (Lk 9,53–55), bis in unsere Tage! Er hat diese Haltung von Grund auf in Frage gestellt.

Als Jesus von den Pharisäern wegen seines Umgangs mit den Personen, die ein anständiger Mensch meidet, abgelehnt wurde, hielt er ihnen seine Auffassung von Gottes Willen entgegen: »Nicht die Gesunden bedürfen des Arztes, sondern die Kranken. Geht aber hin und lernt, was das heißt: Barmherzigkeit will ich und nicht Opfer (Hos 6,6); denn ich bin nicht gekommen, Gerechte zu berufen, sondern Sünder« (Mt 9,12f). An anderer Stelle wird die Aussage ergänzt: »Wenn ihr begriffen hättet, was das heißt: Barmherzigkeit will ich, nicht Opfer, dann hättet ihr Schuldlose nicht verurteilt« (Mt 12,7).

Die von Jesus kritisierte Religiosität kann bezeichnet werden als Äußerung des blinden und dunklen Aspekts des religiösen Archetyps, der mit seinen Ängsten und verheerenden Aggressionen in den Begriff Gott hineinprojiziert wird.

Jeder Archetyp bedarf der Bewußtwerdung, Erhellung und Differenzierung, auch der religiöse. Das bedeutet:

Nicht alles, was religiös ist, ist deshalb schon der Wille Gottes. Aus gutem Grund hat Ignatius für die Exerzitanden die Unterscheidung der Geister eingeführt. Ein Eifer, der aus blinden religiösen Impulsen kommt, hat zu allen Zeiten schreckliches Unheil angerichtet. Jesus selbst ist Opfer einer solchen »gut«gläubigen Einstellung geworden.

Die trennenden Mauern sprengen

Dürckheim hat die Gipfelerfahrungen in den verschiedenen Religionen als »Durch-sein« bezeichnet. Ihr Kennzeichen sind Freiheit von Angst und *universale Liebe*. Er hatte Begegnungen mit japanischen spirituellen Meistern, die von großer Dichte und Bereicherung waren. Es fällt auf, daß die Mystiker mit den unterschiedlichsten Traditionen ohne Schwierigkeit zueinander Zugang finden.

Jesus steht – rein empirisch von der Tiefenpsychologie gesehen – auf dieser Linie, *wann immer er die Mauern, die Menschen trennen, sprengt*. Man kann auf den schon erwähnten Umgang mit den *Sündern* verweisen. Wer wie Jesus unmittelbar am göttlichen Funken teilhat, nimmt diesen in jedem Menschen wahr, gerade in solchen, die auf der Schattenseite des Lebens stehen und deshalb offener für neue Erfahrungen sind; deshalb kommen die Dirnen und Zöllner eher in das Reich Gottes als die selbstsicheren und arroganten Frommen (vgl. Mt 21,31). Der größere Umfang der Persönlichkeit, des Denkens wie des Lebensgefühls – Eigenschaften, welche Jung mit dem Begriff der Ganzheit meint – ist der Hintergrund des öffentlichen Auftretens Jesu, seiner auffallenden, oft Anstoß erregenden Handlungen wie seiner Gleichnisse und Spruchweisheiten. Aus allem spricht eine innere Freiheit und Überlegenheit im Vergleich zu dem, was ein Durchschnittsfrommer der damaligen Zeit denkt. Er durchbricht immer wieder die Enge des religiösen Milieus.

Ein gutes Beispiel ist das Gleichnis vom barmherzigen Samariter (Lk 10,30–37). Im Rahmen des herkömmlichen Verständnisses wird die von Jesus erzählte Geschichte als der Idealfall tätiger Nächstenliebe dargestellt. Der Nächste, den ich lieben soll, ist jeder, der in Not ist – das ist gewöhnlicherweise die Interpretation. Tatsächlich hat der Samariter Geschichte gemacht und Geschichte geprägt im Sinne der Hilfe an Hilfsbedürftigen, Armen und Kranken, in dem, was wir als karitative Tätigkeit bezeichnen.

Den wenigsten fällt auf, daß die gute Tat des Samariters nur die eine Seite des Gleichnisses ist. Am Schluß stellt nämlich Jesus die Frage: »Wer ist dem zum Nächsten geworden, der unter die Räuber gefallen war« (Lk 10,36)? Sie ist gerade umgekehrt gestellt als die herkömmliche gutgläubige Auffassung sie sieht. Wen soll nun der Verwundete und Gerettete als seinen Nächsten betrachten, ihn achten und lieben? Die Antwort lautet: Den, »der Barmherzigkeit übte an ihm« (Lk 10,37), also den Samariter!

Jesus beantwortet die Frage eines Juden nach seinem Nächsten mit dem Hinweis, daß es nicht nur der ist, der zum eigenen Volk und zur eigenen Religion gehört, sondern einer von denen, die recht feindselig und ungastlich sein können (Lk 9,53), mit denen man nicht verkehrt (Joh 4,9), denen man nichts Gutes zutraut, auf die wie immer das Feindbild paßt. Dafür spricht auch, daß Jesus gerade einen Samariter zum Helden der Geschichte macht. Er will sagen, daß auch einer von der ganz anderen Seite zum Guten fähig ist und Achtung verdient.

Hier ist eine einschneidende Kritik an der traditionellen Frömmigkeit und ihren gewiß oft heroischen Taten der Nächstenliebe enthalten. Es ist wahr: Es ist viel geschehen im Bereich christlicher Barmherzigkeit. Auch das moderne Denken ist davon geprägt, zumindest in den westlichen Industrieländern, wo die medizinische Versorgung der Kranken eine Selbstverständlichkeit geworden ist. Das jüngste Beispiel dieser Einstellung im Geiste Jesu ist die 1997 verstorbene Mutter Teresa von Kalkutta, die durch ihren Einsatz für Menschenwürde selbst in einer nichtchristlichen Kultur große Achtung erfahren hat. Niemand darf diese Form der Nächstenliebe in Frage stellen oder entwerten. Sie bedarf aber der Ergänzung und zwar in folgender Hinsicht: Sie wird nur dann hervorgerufen und in Bewegung gesetzt, solange der andere *schwach* ist. Das Mitleiden mit dem anderen regt zum eigenen Tun an. Es entsteht eine Art emotionaler Verschmelzung. Deshalb wird die Besserung oder zumindest das Wohlbefinden des anderen zur eigenen Belohnung.

Aber wie ist es, wenn der andere *stark* ist? Wenn er mein Mitleid gar nicht will, sondern nur meine Achtung und seine Freiheit, daß er so sein darf, wie er ist, daß er so denken, fühlen und reden darf, wie es ihm zumute ist? Daß er seine Überzeugungen haben darf, auch wenn sie ganz anders sind?

Man muß zugeben, daß man in der Geschichte des Christentums das Gebot Jesu in diesem Sinn oft gar nicht verstanden hat. Der tiefere Grund dürfte sein, daß es für diese Form der Nächstenliebe auch starke Persönlichkeiten braucht, die sich durch das Anderssein des Nächsten nicht verunsichern lassen. Dies hängt wesentlich davon ab, wie weit ein Mensch sich seiner bewußt ist, d. h. weiß, was er tut, was er auslöst, die Hintergründe sieht und sich nicht vordergründig vom herrschenden Gefühl leiten läßt. Erst dann wird es möglich, den Menschen hinter den Mauern eines Freund-Feind-Schemas wahrzunehmen und nicht mehr seinen eigenen Schatten, d. h. seine ungelösten Konflikte und unbewältigten Ängste in den persönlichen und weltanschaulichen Gegner hineinzuprojizieren. Dazu bedarf es aber einer geistigen Weite, eines höheren Standpunktes und einer emotionalen Kraft, welche über das Gewöhnliche hinausgehen. Sie sind das Ergebnis eines Entwicklungsweges, der vom schöpferischen Keim des Archetyps des Selbst angeregt und vorangetrieben wird. Das Thema des Entwicklungsweges ist allerdings – so muß man zugeben – im kirchlichen Raum weniger gefragt, nimmt aber in der Geschichte der Heiligen einen breiten Raum ein.

Freiheit und Nähe

Es ist wahr: Innerhalb der Kirche besteht Mißtrauen gegenüber Entwicklungen zur Eigenständigkeit. Sie läßt sich nicht mehr überschauen und kontrollieren. Das macht Angst. Man fürchtet Individualisierung und vermutet egozentrische Autonomie und Abkehr von der Verantwortung für andere. Tatsächlich geschieht es oft auch so. Auf der anderen Seite sehnen sich Menschen nach nichts mehr als nach Nähe und Geborgenheit. Viele schwanken ständig zwischen den Polen »Freiheit« und »Nähe«. Häufig zerbricht eine Beziehung, weil es einfach zu eng wurde, weil zumindest ein Partner mehr Freiheit brauchte. Sobald er sie dann hat, meldet sich das Leiden an der Einsamkeit und das Spiel beginnt von vorne.
Nähe und Freiheit gehen dann harmonisch zusammen, wenn zwei oder eine Gruppe von Menschen von einer Kraft angezogen werden, die stärker ist als jeder einzelne, die als etwas Gemeinsames erlebt wird, die aber jedem einzelnen den Raum der eigenen Spontaneität und des eigenen Denkens läßt; wo trotz der Verbundenheit kein Druck auf den einzelnen ausgeübt wird. Daß von Jesus eine solche Kraft ausging, daß um ihn eine Atmosphäre der Nähe und der Freiheit war, geht aus vielen Textstellen hervor. Einen Hinweis darauf finden wir

in den Sätzen: »Kommt zu mir alle, die ihr voll Mühsal und beladen seid: ich will euch ausruhen lassen. Mein Joch ist mild und meine Bürde ist leicht« (Mt 11,28.30). Ausruhen bedeutet das Ende von ständiger Anspannung, von Druck, von Überforderung, von Fremdbestimmung, von Abgelehnt-, Verachtet-, Gehetztsein (im wörtlichen Sinn). Es ist das Gefühl, daß ich sein darf, wie ich bin und daß ich meinen innersten Impulsen trauen und folgen darf; daß ich mein eigenes Leben genauso wie das des anderen selbstverständlich, mit allen Gefühlen bejahe.

Man darf konkret an die Sünderin denken, die Tränen der Erschütterung, der inneren Lösung und Befreiung, des Glücks und der Dankbarkeit vergießt (Lk 7,38), ebenso an den Zöllner Zachäus, der aus Freude über den Besuch Jesu in seinem Haus sein Vermögen aufteilt (Lk 19,1–10).

Jesus hat durch seine überfließende Güte und Bejahung das spontane Handeln der Dankbarkeit der Frau und des Mannes ausgelöst. Mit keinem Wort ist die Rede davon, daß er sie zu einem moralischen Handeln ermahnt hätte.

Weil Jesus unmittelbar aus dem absoluten Grund – theologisch: dem Vater; tiefenpsychologisch: dem Archetyp der Ganzheit – lebt, kann er einen Raum ungebrochener Sicherheit und uneingeschränkten Vertrauens aufbauen, wo Spannungen und Ängste abfallen und das verschüttete Gute sich von selbst: »automatisch«, durchsetzt (vgl. gr. automatä in Mk 4,28).

Es ist sicher nicht falsch, wenn wir die Atmosphäre um Jesus mit dem von ihm am liebsten gebrauchten Wort »Glaube« in Verbindung bringen (vgl. Mt 8,10; Mt 9,2.22.29; 15,28; Mk 5,34; 10,52; Lk 7,50).

Nur wenn sich ein Mensch der Atmosphäre Jesu, d. h. seinem Wirkungsbereich öffnet, brechen die Kräfte der Heilung wie die der totalen Wandlung auf. Tiefenpsychologisch könnte man sagen: Jesus hat durch sein

Wesen, durch die Kraft seines geordneten und vom Geist durchdrungenen Unbewußten das persönliche Unbewußte eines jeden, der sich ihm öffnete, angesprochen und verändert bzw. das Selbst, welches von innen her Bewußtes und Unbewußtes lenkt.

Es heißt, daß die Leute von der Rede Jesu auf dem Berg ergriffen waren (Mt 7,28f). Ergriffensein überträgt sich von selbst. Das heißt: Jene Kräfte, die den Redner zuinnerst bewegen, werden auch in den Hörern wach gerufen. In diesem Sinne ist Jesus suggestiv, aber nicht, um Menschen für sich zu vereinnahmen, sondern um sie zur eigenen Freiheit zu führen.

Die Freiheit, die Jesus meint, hat wesentlich damit zu tun, daß sein Jünger die Erwartungen seiner Umgebung durchbricht und nicht mehr in deren engen Rahmen eingebunden ist. Hierher gehört der schwer verständliche Satz: »Wenn jemand zu mir kommt und sagt sich nicht los von Vater und Mutter, Frau und Kindern, Brüdern und Schwestern, ja selbst von seinem eigenen Leben, der kann nicht mein Jünger sein« (Lk 14,26). Es wäre ein Mißverständnis, hierin die Aufforderung Jesu zu sehen, alle familiären Bindungen gegen das bessere Gefühl von heute auf morgen abzubrechen. Eher ist an den Prozeß zu denken, dem er sich selbst ausgesetzt hat.

Als er die »Stimme des Vaters« vernahm, geschah in ihm der Durchbruch zur Transzendenz, zu einem Erfahrungsraum, der ihn von seinen Angehörigen trennte. »Sie hielten ihn für verrückt«, heißt es bei Markus (Mk 3,21). Der tiefe Graben zwischen ihm und seiner Familie ist der Preis für die unmittelbare Nähe zu Gott und für die damit gegebene beglückende Freiheit. Er gehorcht nur mehr dem Willen Gottes – im Grunde (ganz wörtlich) seinem eigensten Wesen. Darin besteht die höchste Freiheit und Selbstverwirklichung. Demselben Prozeß und demselben Schicksal muß sich jeder aussetzen, der sich ihm anschließt. Es beginnt damit, den Willen Gottes zu suchen, und zwar mit der Seite des Lebens, welche sich als Sinn für Echtheit und Wahrhaftigkeit gegen alle Widerstände in der Tiefe des Herzens auftut und welche frei ist von dunklen, ungeklärten Emotionen.

Hier wäre der Entwicklungsweg des hl. Franziskus unter den vielen Großen der Kirchengeschichte zu nennen. In jener Szene vor dem Bischof von Assisi, als der Heilige seinem Vater nicht nur das Geld, sondern auch die Kleider zurückgibt, ist er verdichtet dargestellt und in den Worten ausgedrückt: »Bisher nannte ich Pietro Bernardone meinen Vater ... und von nun an will ich sagen: Vater unser, der Du bist im Himmel, nicht mehr: Vater Bernardone«[30]. Franziskus hat die Freiheit errungen, seiner Inspiration oder, wie gewöhnlich gesagt wird, dem Willen Gottes zu folgen. Dabei muß auch gesagt werden, daß er um die Klärung seiner Impulse gerungen hat; die Gebete aus der Zeit seiner Wandlung um Erleuchtung seines Herzens lassen etwas von den inneren Prozessen seines Unbewußten ahnen.

Das oberste Kriterium für die Echtheit einer Eingebung Gottes war für ihn die Freude, die nicht getrübt war von Gefühlen des Zorns, der Rache und der Begierden. Durch seine ganze Lebensbeschreibung ziehen sich wie ein roter Faden die Berichte von »unsagbarer Freude«, von einem »gewaltigen Jubel«, von »einem wunderbaren Licht«. Unter keinen Umständen wollte er negative Emotionen anschüren oder zum Kampf aufwiegeln. Für ihn war Freiheit jener Zustand, wo Menschen wie er den Leidenschaften und den Streitigkeiten um Besitz, Macht und Recht enthoben sind.

Nimmt man den hl. Franziskus ernst, dann gewinnt auch die Diskussion um Freiheit und Liebe neue Akzente. Es könnte bedeuten, daß man sich als erstes selbstkritisch der eigenen noch ungeklärten inneren Befindlichkeit stellt, daß man sich auf eine Entwicklung einläßt, wo die Freiheit von Druck, Ängsten und aggressiven Gestimmtheiten immer mehr wächst und die echte Freude zunehmend das Innere erfüllt; wo zugleich die beiden Begriffe Freiheit und Liebe nicht wie eine Fahne als Forderung oder Argument vorangetragen werden, sondern sich im Augenblick im menschlichen Miteinander ereignen. Freiheit im Sinne des Evangeliums bedeutet den Raum der eigenen Entwicklung für sich in Anspruch nehmen, ihn aber auch jedem anderen gewähren. Er ist zugleich der Weg zum Grund allen Seins, der allen gemeinsam ist und alle zusammenführt.

Ist das Christentum lebensfeindlich?

Bei der Diskussion um das Besondere an Jesus wird gewöhnlich das Gebot der absoluten Nächstenliebe angeführt und daß er Gottes- und Nächstenliebe zusammengebracht hat. Von anderen wird bestritten, daß Jesus hier einmalig dasteht (vgl. schon die Gebote der Tora in Lev 19,17.34), ebenso wird von Kritikern im selben Atemzug gesagt, daß die Jünger Jesu sich doch kaum daran hielten. Die Gebote Jesu sind – so deren Meinung – für den gewöhnlichen Menschen Überforderung und machen depressiv, weil sie die wirklichen Impulse der Aggression und der sexuellen Lust unterdrücken. *Christentum ist lebensfeindlich* – so wird es heute gesehen. Der Abschied vom Christentum heute auf breiter Basis ist nur die Konsequenz dieser Ansicht. Die Kritik hat recht, wenn die Gebote Jesu nur als Handlungsanweisungen für Wille und Intellekt verstanden werden, wenn der gesamte emotionale und spirituelle Prozeß, der zur Formulierung der Gebote geführt hat, ausgeklammert wird.
Es sollte gesehen werden, daß die hohe Ethik Jesu Ausdruck seines Wesens, damit auch seines *Erlebnisraumes* ist, und daß sie nur aus einem ähnlichen Rahmen des

Fühlens und Denkens, von einem ähnlichen Lebensgefühl verstanden und eingehalten werden kann.
Deshalb hat Jesus als erstes die Menschen für diesen Erlebnisraum – die Nähe zu Gott, die Selbstannahme, die Achtung des Nächsten – geöffnet. Denken wir noch einmal an die Sünderin (Lk 7,36–50) und an Zachäus (Lk 14,1–10). Es sind nicht Anmahnungen und Appelle und nicht eiserner Wille, welche die Änderung bewirken, sondern es ist der Prozeß, den Jesus durch seine Persönlichkeit ausgelöst hat. Das Besondere an Jesus ist nicht, daß er die *hohen Normen aufstellt*, sondern daß er durch die persönliche Begegnung die Menschen *befähigt, sie zu halten*.
Die Gebote Jesu werden dann nicht zur Überforderung, wenn man Nachfolge als Wandlungs- und Reifungsweg sieht. Das bedeutet beispielsweise, daß uns auch die Kraft zuwächst, angetanes Unrecht zu verzeihen und zu vergessen. Anders ausgedrückt: Wenn die Wunden verheilt sind, hat auch der Haß seine Nahrung verloren. Aufgrund des tieferen Erlebens ordnen sich die Gefühle von innen her, und vieles fällt ab, was früher Anlaß zur Auseinandersetzung gab.
Eine Nachfolge, die sich vornehmlich darin versteht, Jesus als das edle Vorbild nachzuahmen, aber die Erlebnisprozesse außer acht läßt, erlahmt häufig im Lauf der Jahre. Hier darf die Ursache für vielfaches Scheitern oder langweilige Mittelmäßigkeit vermutet werden. Überzeugende Nachfolge gelingt dann, wenn die Spontaneität der inneren Entwicklung zur umfassenden Persönlichkeit erwacht, das Gespür für Echtheit, Tiefe und für das, was auf der anderen Seite unseres bewußten Lebens vorhanden ist. Die Nachfolge Jesu wird dann wieder Glanz gewinnen, wenn sie auf diese Weise als Zuwachs an Menschlichkeit, an Dichte, Lebendigkeit und Echtheit der Gefühle wie an kritischem Denken erfahren wird. Unser Glaube sagt, daß Christus in uns wohnt (Gal 2,20). Die Tiefenpsychologie Jungs geht

davon aus, daß der schöpferische Keim der Entwicklung schon in uns vorhanden ist und – so dürfen wir sagen – daß Christus in diesem Keim in uns Gestalt annimmt. Das bedeutet, daß wir etwas von seiner überwältigenden Nähe zu Gott, etwas von seiner Ausstrahlung, von seiner Kraft der Überzeugung und der Heilung, aber auch etwas von seiner kritischen Haltung gegenüber allem Hohlen und Unechten, gegenüber Not und Unrecht in uns tragen werden. Wir werden aber auch zumindest in mancher Hinsicht sein Schicksal teilen.
Es ist deshalb angemessener, von Christus als von einem *Urbild* zu reden, das sich eigentätig entwickelt, als von einem Vorbild, dem es mit Mühe nachzueifern gilt. Die Akzente einer solchen Einstellung sind dann weniger *Sollen* und *Müssen*, sondern vielmehr zur Ruhe kommen, sich öffnen, sich für das tiefere Gefühl bereiten und sich von ihm ergreifen lassen; denn nach einem Wort von Spinoza werden Affekte nicht durch die Vernunft, sondern nur durch stärkere Affekte aufgehoben[31].

3. Jesus – Heiler oder Retter?

Wunder entfernen – Gefühle bringen Nähe?

Als bei einem Gottesdienst mit jungen Leuten eine Heilungsgeschichte zu hören war, brachte ein Schüler seine Skepsis mit der Frage zum Ausdruck, was es denn solle, ein solches Märchen vorzulesen? Von heutigen Menschen wird das Wunderbare, das Außerordentliche, das ehemals zum Glauben geführt hat, eher als Hindernis erfahren.
In den älteren katholischen Bibelkommentaren werden die Heilungswunder Jesu als Beweis seines göttlichen Auftrags und seiner Gottesherrschaft gesehen. Sie gehören zum Wesentlichen seines Wirkens. Nach dem Evangelisten Matthäus sieht Jesus selbst sie als Zeichen, daß mit ihm die Messiasherrschaft angebrochen ist. »Geht hin und verkündet Johannes, was ihr hört und seht: ›Blinde sehen, Lahme gehen, Taube hören, Tote stehen auf, und Arme empfangen die Frohe Botschaft.‹ Selig ist, wer an mir nicht Anstoß nimmt.« (Mt 11,4–6).
Nun aber reiben sich die Menschen unserer Zeit gerade an jenen Ereignissen und können diesem Gedankengang nicht folgen. Es kann sogar sein, daß Wunder Jesus in weite Ferne rücken, weil solche Erscheinungen nicht in das wissenschaftliche Weltbild passen; man müßte ja seinem gesunden Menschenverstand abschwören, wenn man glauben wollte, daß Jesus über das Wasser ging (Mt 14,22–33), daß er den Sturm beruhigte (Lk 8,22–25; Mk 6,45–52), daß er mit ein paar Broten einige Tausend satt machte (Mk 6,32–44).
Wenn die Wunder als Aufhebung der Naturgesetze in göttlicher Vollmacht verstanden werden und als Be-

gründung des Absolutheitsanspruchs und der Gottheit Christi, baut sich bei den meisten eine unüberwindbare Sperre auf. Im Raum der Theologie ist man heute bestrebt, die Wunder, die man eher als Hindernis denn als Stütze des Glaubens empfindet, möglichst zu reduzieren und die sogenannten übernatürlichen Vorkommnisse auf natürliche Ursachen zurückzuführen. Zudem betrachtet die historisch-kritische Exegese die Wundergeschichten eher als Aussagemittel der frühchristlichen Verkündigung denn als historische Berichte.

Ganz anders bei den indianischen Schamanen. Für sie ist das, was in unseren Augen unerklärbar und unmöglich ist, das Allernormalste der Welt. Der Filmproduzent Ron McCabe berichtet von Heilungszeremonien des schon genannten Godfrey Chips, bei denen er erlebt hat, wie Menschen von Krankheiten wie Aids, Leukämie und Krebs geheilt wurden; es waren Patienten, die von den behandelnden Ärzten aufgegeben worden waren und später von diesen ihre volle Gesundheit bestätigt bekamen. Die außerordentlichen Ereignisse, die während der Zeremonien geschahen, sieht er als Wirkung der Naturkräfte, mit denen die Indianer eine Übereinkunft eingehen. Wie immer man solche Berichte beurteilen mag, aus der Begegnung mit anderen Kulturen geht hervor, daß die Sicht von Realität, wie wir sie in der europäisch geprägten Welt des 20. Jahrhunderts haben, nicht die einzig mögliche sein kann, vor allem auch deshalb nicht, weil sie dem Menschen und der Schöpfung nicht zum Heil ist. Man sollte den Eifer, mit dem man alles Außergewöhnliche einer vernünftigen, oft aber einer banalen Erklärung unterwirft, etwas zurückhalten, vor allem wenn es um Erzählungen von Jesus geht. Ob man es sich nicht z. B. zu leicht macht, die Speisung von Fünftausend (Mt 14,13–21) mit fünf Broten und zwei Fischen damit einsichtig zu machen, daß alle ihr Mitgebrachtes miteinander geteilt hätten? Zumindest verliert mit einem solchen Vorgehen die Erzählung ihre Drama-

tik und ihren herausfordernden Charakter. Sie kann dann auch getrost vergessen werden.
Bei aller kritischen Forschung steht doch fest, daß vieles von dem, was von den Schamanen (Medizinmännern) gesagt wird, auch auf Jesus zutrifft. Heilende Kraft, Visionen, Heilung und Wandlung des ganzen Menschen, Wiederherstellung der Einheit von Mensch und Gott sind Elemente, die im Leben Jesu als zentrale Ereignisse vorkommen. Die Heilung eines Gelähmten (Lk 5,17–26) wird eingeleitet mit dem Satz: »Da überkam ihn die Kraft des Herrn zu heilen« (Lk 5,17). Und noch an vielen anderen Stellen ist davon die Rede, daß eine Kraft von ihm ausgeht, die heilt (Lk 6,19), und, daß er dies spürt (Lk 8,46). Auch Jesus hatte zu Beginn seines Wirkens eine Vision, die ihm die innigste Nähe zu Gott und damit zur Mitte der Welt aufzeigte (Mk 1,10f). Auch er ging in die Wüste, setzte sich der Stille, dem Fasten und den wilden Tieren aus (Mk 1,12).
Es fällt auf, daß Jesus, bevor er den Gelähmten zum Aufstehen auffordert, die Vergebung der Sünden ausspricht (Lk 5,20). Sünde ist aber ein anderes Wort für die Störung der Harmonie mit Gott, mit sich selbst und mit der Welt um sich herum. Darauf weist auch die wörtliche Bedeutung des griechischen Wortes »hamartia« hin, was nichts anderes als Verfehlung des Zieles heißt. Die Parallelen zwischen Jesus und den indianischen Heilern müssen unseren Glauben an die Gottheit und Einmaligkeit Jesu nicht entwerten. Sie sind eigentlich nur der konsequente Ausdruck für die Menschwerdung Gottes, für die Tatsache, daß sein heilendes Tun menschliche Züge annahm (Phil 2,7).
Es geht nicht darum, das Wirken nichtchristlicher »Wundertäter« in Konkurrenz zu Jesus zu bringen, vielmehr ist es hilfreich, auf der menschlichen Folie indianischer Schamanen die Wunder Jesu zu sehen. Sie können unser Verständnis für geistige Kräfte wecken, die größer sind als wir, die den Rahmen unseres rationalen Den-

kens übersteigen und sogar Einfluß haben auf die physiologischen Abläufe des Körpers.
Hingegen helfen uns abstrakte theologische Begriffe wie »Messianität«, »Königsherrschaft Gottes«, »göttliche Vollmacht im Reden Jesu« nicht weiter, wenn nicht zugleich etwas von der geistigen Kraft gespürt wird, die sie einmal geprägt hat. Besser ist es deshalb, die Aufmerksamkeit auf die Dynamik und die Tiefe des Erlebens der leidenden und handelnden Personen zu lenken, zu fragen, was in den Menschen um Jesus und in ihm selbst vorgeht; wie sich Angst und Schmerz in Zuversicht und Freude umkehren; wie sich emotionale Abläufe gegenseitig beeinflussen.
Wir werden den heiligen Schriften dann gerecht, wenn wir uns wie Jesus für das Schicksal der Menschen interessieren und fragen, was sich denn in ihnen abspielt, als sie von Jesus geheilt werden. Wenn wir die Menschwerdung Gottes ernst nehmen, dann müßte es auch möglich sein, uns in Jesus selbst hineinzudenken. Allerdings setzt dies einen Erlebnisrahmen voraus, der dem von Jesus wenigstens annähernd ähnlich ist.

Glaube – die Innenseite der Wunder

Es führt nicht weiter zu diskutieren, ob bei den Wundern Jesu Naturgesetze aufgehoben wurden, oder zu beweisen, daß Jesus mit der Allmacht Gottes ausgestattet war. Gerade eine Argumentation dieser Art löst Widerstände aus. Besser ist es, die Innenseite dieser Ereignisse anzuschauen, denn damit öffnet sich auch das Innere unserer Gesprächspartner. Das zentrale Wort für das Gemeinte heißt in den Evangelien *Glaube.*
Den Glauben, den die Evangelien meinen, können wir etwa so umschreiben: Es öffnet sich ein Raum zwischen Jesus und den Menschen, wo Leidende, Suchende und Bedrückte aufatmen und sich wohl fühlen. Jesus hat die

Botschaft vom guten Gott nicht nur mit Worten gesagt, sondern sie unmittelbar ausgestrahlt. Jesus hat – so dürfen wir nach den Evangelien annehmen – eine Atmosphäre verbreitet, von der Menschen aus allen Schichten angezogen wurden; wo sich Blockaden lösten, wo man darüber reden konnte, worüber man sonst nie gesprochen hätte.
Die Persönlichkeit Jesu bewirkte eine Durchlässigkeit von Mensch zu Mensch, die auch körperliche Berührung miteinschloß, so wenn Jesus dem Taubstummen die Hand auflegt, sogar seinen Speichel in dessen Mund legt (Mk 7,32–37); wenn er sich von einer Frau mit schlechtem Ruf die Füße küssen und sie mit ihren Tränen und ihrem Haar seine Füße bedecken läßt (Lk 7,36–50). Aufgelöstes Haar, Tränen, Küsse sind beeindruckende Gesten des Aufgewühltseins, der Erschütterung, der Dankbarkeit und Zuneigung. Jesus läßt sich die körperliche Berührung gefallen, weil er die Offenheit ihres Wesens spürt. Was zwischen ihm und der Frau geschieht, nennt Jesus Glaube.
Denken wir auch an die Heilung eines gelähmten Mannes in Kapharnaum (Mk 2,1–12), an die Heilung der blutflüssigen Frau und an die Auferweckung der Tochter des Synagogenvorstehers (Lk 8,40–56), an die Heilung des blinden Bartimäus (Lk 18,35–43) und an die vielen anderen Perikopen, so ist die Antwort auf die Frage nach dem entscheidenden Moment des wunderbaren Ereignisses der eine Satz Jesu: »Dein Glaube hat dir geholfen« (Lk 8,48; 18,42 u. a.).
Glaube ist auf diesem Hintergrund ein *Sichanstecken-lassen* von der Zuversicht, Sicherheit und Kraft Jesu, ein Eintauchen in seine Atmosphäre und ein beharrliches Warten auf sein Handeln.

Begegnung, nicht Behandlung

Vieles von dem, was hier mit Glaube umschrieben wurde, hat seine Entsprechung in dem von Martin Buber geprägten Begriff der *Begegnung.*

Für Buber ist die pädagogische Begegnung, die Ich-Du-Beziehung zwischen Lehrer und Schüler, Grundlage pädagogischer Einwirkung. »Alles wirkliche Leben ist Begegnung«, so Buber wörtlich, »der andere muß nur in seiner Potentialität erschlossen werden und zwar im wesentlichen nicht durch Belehrung, sondern durch Begegnung, durch existentielle Kommunikation zwischen einem Seienden und einem Werdenkönnenden«[32].

Übertragen auf die Situation Jesu und der Menschen, mit denen etwas geschah, bedeutet das: Jesus hat wesentlich durch *existentielle Kommunikation* auf die Menschen eingewirkt, also nicht nur mit Worten, sondern mit der Tiefe seiner Existenz. Die Worte kamen aus den Wurzeln seines Wesens und haben Menschen in ihrem Sein angesprochen, aufgerüttelt und bewegt. »Und es geschah, als Jesus diese Reden vollendet hatte, da waren die Scharen außer sich über seine Lehre; denn er lehrte sie wie einer, der Macht hat, und nicht wie ihre Schriftgelehrten« (Mt 7,28f). So berichtet Matthäus über die Reaktion der Menschen auf die Bergpredigt und bestätigt, daß hier nicht Belehrung (im Sinne einer Wissensvermittlung), sondern *Begegnung* stattfand.

Begegnung ist einerseits die volle Aufmerksamkeit und Zuwendung und andererseits die Wirkung zweier voneinander unabhängiger Personen aufeinander. Die gegenseitige Anregung und Herausforderung schafft bei beiden etwas Neues; es ist ein Geben und Nehmen auf der Ebene existentieller Betroffenheit.

Der eine wird buchstäblich von dem getroffen, was den anderen bewegt, und in ihm bricht etwas auf, was wieder zurückwirkt. Es geschieht auf einer Basis, auf der wir selbst nicht unmittelbar agieren, sondern eher nur

zulassen können. Es ist dann immer die Frage: *Was* bei dem einen löst *was* beim anderen aus? Innere Ergriffenheit überträgt sich in einer guten Beziehung von selbst, besonders vom Redner auf die Zuhörer.
Dazu fügt sich gut jene Begebenheit aus dem Leben des hl. Franziskus, als er vor dem Kardinalskollegium auftrat. Im Bericht von Bruder Leo und Gefährten wird nicht unterschlagen, daß er offen den Hochmut und das schlechte Beispiel der Prälaten angriff. Der Grund, warum er nicht das Schicksal des tschechischen Priesters Jan Hus erlitt, der auf dem Konzil von Konstanz 1415 wegen desselben »Vergehens« verbrannt wurde, mag darin zu suchen sein, daß er nicht aus Zorn, sondern aus *Ergriffenheit* sprach. Das Ergebnis war nicht wieder Zorn, sondern die Zuhörer waren tief betroffen, nachdenklich, sogar gerührt. »Man spürte das Feuer der Liebe Gottes«[33].
Wenden wir das Gesagte auf Jesus und die leidenden und hoffenden Menschen von damals an, dann heißt das: Die innere Befindlichkeit Jesu, die geistige Kraft seiner Persönlichkeit, sowie sein Berührt- und Gehaltensein von Gott, sein Heilsein wirkt sich auf die aus, die sich ihm öffnen. Eine personale Begegnung zeichnet sich dadurch aus, daß der eine den anderen an seiner inneren Welt teilhaben läßt. So wie sich für Jesus bei seiner Taufe der Himmel öffnet und er die volle Einheit mit Gott erfährt, so tut sich auch für jeden, der Jesus mit offener Seele begegnet, der Himmel auf; es ist das Glück, das sich in den Worten ausdrückt: Jetzt ist alles gut. So mag es gewesen sein beim schon erwähnten Zachäus, bei Maria von Magdala, der er sieben Dämonen austreibt und die er buchstäblich aus der Hölle ihrer Zerrissenheit von fremden Mächten befreit (Lk 8,2) und bei vielen anderen, die Jesus aus ihrer Isolierung herausholt und zum vollen Leben befähigt.

Heilung verlangt den vollen Einsatz

Bei den Begegnungen Jesu mit den Leidenden interessiert, was auf der einen Seite – nämlich von den Hilfesuchenden – und was auf der anderen Seite – von Jesus – eingebracht und bewirkt wird.

Seitens der kranken, gestörten, von Leid heimgesuchten Menschen geschehen Erschütterungen, Einbrüche bis zu Todesnöten und vollste Hinwendung zu Jesus als einem letzten Rettungsanker; er reagiert mit dem Grad an Zuwendung, mit dem er angesprochen wird.

Es sei noch einmal die Frau erwähnt, die im Gedränge Jesus berührt, um geheilt zu werden (vgl. Lk 8,43–48). Sie riskiert alles, sogar die Möglichkeit, vom Meister zurückgewiesen und als Gesetzesübertreterin bloßgestellt, eventuell sogar gesteinigt zu werden. Erinnern wir uns an den blinden Bartimäus, der buchstäblich um sein Leben schrie gegen den Lärm und die Zurückweisung der Umstehenden und auf die Gefahr hin, dem Meister lästig zu fallen (Mk 10,46–52; Mt 20,29–34; Lk 18,35–43). Ähnlich verhielt es sich auch mit der Frau aus Syrophönizien (Mk 7,24–30, Mt 15,21–28). Sie, die gar kein Recht auf Jesu Wohltat hatte, drängte sich ihm auf, angetrieben von ihrem Schmerz, und diese Tat hat er ihr, genauso wie dem Blinden von Jericho, als Glaube bestätigt.

Was die Menschen in die Begegnung mit Jesus einbringen und was seine positive Reaktion auslöst, ist der Einsatz aller Kräfte und aller Aufmerksamkeit auf die eine Hoffnung hin, daß Jesus helfen kann. Es geht buchstäblich um alles oder nichts; es ist ein Einsatz, wo man alles gewinnen oder verlieren kann.

In der mittelalterlichen Alchimie, deren psychologische Bedeutung C. G. Jung erschloß, gab es den Spruch: *Die Kunst erfordert den ganzen Menschen*; es ist die Prozedur der Wandlung von Blei zu Gold oder die Herstellung des Steins der Weisen gemeint. Dem tieferen Sinne

nach geht es aber um die Wandlung des Meisters, welcher die Prozedur ausführt. Den von der Alchimie geprägten Satz kann man deshalb so interpretieren: Die Wandlung und das Heilwerden als das letzte, kostbarste aber nur schwer zu erreichende Ziel erfordert *ganzen Einsatz*, alle Aufmerksamkeit und alle Kräfte; genau das, was Jesus als Glaube gelobt hat.
In einem gewaltigen Aufstand des Inneren, wie er in manchen dramatischen Szenen in den Evangelien geschildert wird (vgl. die Heilung des mondsüchtigen Knaben Mt 17,17–20), verdichtet sich alle Energie auf einen Punkt hin und schafft damit die Voraussetzung für eine endgültige innere Einheit. Damit sind psychische Faktoren aktiviert, die Heilung möglich machen.
Wenn wir uns ganz bewußt dem Leidensdruck stellen und die Zerrissenheit aushalten, erreichen wir den Wendepunkt, an dem schöpferische Keime geweckt werden. Das bedeutet für uns, daß wir die Verantwortung für unsere Befindlichkeit voll und ganz übernehmen, wenn wir Heilung von Gott erlangen wollen, und nicht anderen, den Eltern, dem Lebenspartner, der Gesellschaft, der Kirche die Schuld für unser Unglücklichsein zuschieben. Jesus stellte am Teich Bethesda dem Gelähmten, der seit 38 Jahren sein Gesundwerden von der Zuwendung anderer abhängig machte, die Frage: »Willst du gesund werden?« (Joh 5,6) Man müßte den Satz als überflüssig empfinden – welcher Kranke möchte nicht gesund werden? –, würde nicht die Aufforderung folgen: »Steh auf, nimm dein Bett und geh!« (Joh 5,8) Damit sagt Jesus zugleich: Nimm dein Schicksal selbst in die Hand! Mach dich nicht abhängig vom guten oder schlechten Willen anderer, von deren Stimmungen und Launen!

Der verwundete Heiler

So wie es auf der Seite der Kranken und Leidenden Bedingungen für eine Heilung gibt, so hat auch das heilende Tun Jesu seinen besonderen Hintergrund. Hier dürfen wir durchaus eine Parallele sehen zu den Bedingungen und Anforderungen, die eine ernstzunehmende Psychotherapie an den Therapeuten stellt. Nach C. G. Jung soll der Arzt der lebendigen Ganzheit des Patienten mit seiner ganzen Persönlichkeit entgegentreten. Bei einer seelischen Krankheit ist das Mittel der Heilung der Arzt selbst. Er ist nicht nur mit seinem Wissen und Können herausgefordert, sondern ebenso als Mensch mit seiner Identität. Für den Erfolg ist seine Geschichte und alles, was sie enthält, wesentlich mitbestimmend. Was ist in seinem Leben schon geschehen? Welche Höhen und Tiefen wurden schon ausgelotet? Was ist bewältigt? Und was blockiert, ungelöst und unverarbeitet, den Heilungsvorgang? Im letzten kommt es darauf an, wieviel Lebensbejahung und Hoffnung von ihm ausgehen oder wieviel Skepsis trotz aller klingenden Worte. Keiner, der den Anspruch des Heilers an sich selbst stellt, kann sich selbst draußen lassen. »Ein Mensch, dessen Herz nicht gewandelt ist, wird das Herz keines anderen Menschen verändern«[34], meint Jung zur Einstellung des Seelenarztes. Er soll gut darauf achten, wo er selber durch das Leiden seines Gegenübers betroffen ist. Die Ärzte werden sogar aufgefordert zu fragen, welche Botschaft der Patient für sie selber bringt. Was bedeutet er für mich? Wenn der Patient nichts für mich bedeutet, habe ich keinen Angriffspunkt. Nur wo der Arzt selber betroffen ist, wirkt er. »Nur der Verwundete heilt«[35].

Der »verwundete Heiler« ist inzwischen zu einem Begriff geworden und meint die eigene, leidvolle, aber bewältigte Lebensgeschichte als Voraussetzung für wirksames therapeutisches Handeln. Man könnte es das

Kapital oder die ganz persönliche Investition nennen, die ein guter Heiler einsetzt, um aus dem Leid zu befreien.
Ein Beispiel: Eine Frau, die schon mehrere Psychosen hatte, klagt beim Therapeuten, daß sie nirgends ein Zuhause habe; sie habe ein sehr kaltes Elternhaus gehabt und könne auch jetzt keinen rechten Anschluß finden; sie müsse zuschauen, wie andere glücklich sind. Der Therapeut, der selbst ein ähnliches Schicksal hatte, faßt ihre Geschichte in die Worte zusammen: »Sie mußten immer am Rand stehen«. Bei der nächsten Sitzung berichtet sie, daß dieser Satz einen sehr tiefen Widerhall in ihr ausgelöst habe und daß etwas in Bewegung gekommen sei.
Die Nähe zum indianischen Medizinmann ergibt sich insofern, als dessen Kunst soviel wert ist, wie er sich dem Schrecken und der Weisung der Tiere und der Geister ausgesetzt hat, wie er selbst ein verwundeter Heiler ist.

Wie war das mit Jesus?

Die Visionssuche der Schamanen lenkt den Blick auf die Vision Jesu bei der Taufe, den Rückzug Jesu in die Wüste, sein Fasten, seine Auseinandersetzung mit dem Teufel, seinen Aufenthalt bei den wilden Tieren und den Umgang mit den Engeln (Mk 1,9–13; Mt 3,13; 4,11; Lk 4,1–13). In der theologischen Literatur wird diesem Geschehen nicht allzu große Bedeutung beigemessen. Wenn man es hingegen mit den Augen der Indianer betrachtet, ist hier die *Quelle der Kraft*, die Jesus beseelt hat. Dies wird dadurch bestätigt, daß er sich immer wieder in die Einsamkeit zurückzieht, um dort zu beten (Mk 1,35) und daß er von dort mit Kraft aufgeladen zu den Menschen zurückkehrt (Lk 6,12–19).
Daß »der Himmel sich öffnete«, dürfte mehr sein als

eine symbolhafte Darstellung der engen Vertrautheit mit Gott. Es erinnert an das Erlebnis des französischen Journalisten André Frossard, der als überzeugter Atheist in einer Kirche in Paris »den Himmel über sich einstürzen« sah und zum gläubigen Menschen gewandelt wurde[36]. Es gibt Einbrüche in ein Menschenleben, die einer, der sie nicht hatte, nicht nachvollziehen kann; die beglückend und schmerzlich zugleich sind. In der Sprache der Tiefenpsychologie würde es lauten: Das Unbewußte öffnete sich. Damit beginnt aber etwas völlig Neues in einem Menschenleben. Die Faszination der Seele kann einen Menschen in den Bann schlagen. Es ist eine Umkehr von außen nach innen, ein Weggerissenwerden vom Bisherigen. Auf dieser Linie liegt auch der Satz »Sofort trieb ihn der Geist in die Wüste« Mk 1,12). Das klingt nicht nach trauter Zwiesprache mit dem Vater, sondern nach Gewalt, die ihm angetan wird. Es ist eine falsche Spur zu meinen, Jesus hätte, weil er Sohn Gottes war, immer nur Harmonie in sich gespürt. Es ist sogar wahrscheinlich, daß er den Gegensatz von Menschlichem und Göttlichem in sich selbst nicht erst am Kreuz, sondern am Anfang seiner bewußten Sendung in aller Schärfe durchleiden mußte. Die Erfahrung von Transzendenz kann so überwältigend sein, daß es einen Menschen fast zerreißt. Dazu bieten die Propheten des jüdischen Volkes, in deren Reihe sich Jesus stellt, und die Heiligen der Kirche anschauliche Beispiele.

Als Jesaja im Tempel den Gott Israels sieht, schreit er auf: »Weh mir, ich bin verloren. Denn ich bin ein Mann mit unreinen Lippen, und meine Augen haben den König, den Herrn der Heere, gesehen« (Jes 6,5). Dann aber brennt ihm ein Engel mit einer glühenden Kohle den Mund aus. Das Feuer erlebt auch Jeremia mit seinem Auftrag, der ihm nur Spott und Hohn einbringt. »Sagte ich aber: Ich will nicht mehr an ihn denken und nicht mehr in seinem Namen sprechen, so war es mir,

als brenne in meinem Herzen ein Feuer, eingeschlossen in meinem Innern. Ich quälte mich, es auszuhalten und konnte doch nicht« (Jer 20,9).
Jeremia steht für viele, denen eine Gotteserfahrung widerfuhr und die davon nicht mehr loskamen. Man denke an das zerfurchte Gesicht eines Klaus von der Flühe, der alles andere lieber getan hätte als seine Familie zu verlassen, wäre da nicht dieses Feuer in ihm gewesen. Auch an den Philosophen Blaise Pascal sei erinnert, der auf einem sorgsam gehüteten Blatt Papier nur mit ein paar aneinandergereihten Worten sein Erlebnis mit Gott schildert. Es beginnt mit »Feuer, Gott Abrahams, Gott Isaaks, Gott Jakobs, nicht der Gott der Philosophen und der Gelehrten. Gewißheit, Freude, Friede. Gott Jesu Christi«[37]. Es ist der Versuch, etwas auszudrücken, was man nicht in Worte fassen kann, ein Ereignis, das einen so unmittelbar erfaßt, wie wenn man in sich ein Feuer trüge oder mitten im Feuer säße. Heranzuziehen wäre auch das Wort Jesu, das nicht zu den kanonischen Schriften gehört: »Wer mir nahe ist, ist dem Feuer nahe«[38]. Jesus sieht es sogar als seine Aufgabe, »Feuer auf die Erde zu bringen« (Lk 12,49).
Das Reden vom Feuer als eines *schmerzvollen* Prozesses mit *letzter Herausforderung* der eigenen Existenz ist in der Kirche kaum zu hören. Man redet eher vom befreienden und sanften Gott, um ja kein dunkles Gottesbild zu verbreiten. Man kann sich dabei sogar auf Stellen im Alten Testament berufen, darunter die von Elia auf dem Berg Horeb (1 Kön 19,11–13a): Elia begegnet Gott, aber nicht im Sturm, nicht im Erdbeben und nicht im Feuer; sondern Gott ist im sanften, leisen Säuseln. Es wäre aber ein Mißverständnis zu meinen, die vorausgehenden Elemente könne man, seitdem es das Evangelium gibt, vergessen. Wer Gott sucht, muß auch mit ihnen rechnen. Das Leben sorgt meist dafür, daß ein Beben den Grund der Seele erschüttert und daß man wie durch ein Feuer gehen muß.

Erst dann gewinnt das Reden von Gott, der im sanften, leisen Säuseln ist, Kraft. Nimmt man die menschliche Seite Jesu ernst, darf man annehmen, daß er mit der Vision bei der Taufe zuinnerst erschüttert, aufgewühlt und aus der Bahn seiner bisherigen Lebenswelt geworfen wurde. Er wurde hinausgetrieben nicht nur in eine andere Landschaft, sondern er wurde herauskatapultiert aus dem bisherigen Rahmen des Denkens, der Tradition des Dorfes, des Volkes und der religiösen Führer. Nicht umsonst hatte er eine ganz andere Auffassung vom Sabbat und von der Ausübung der Frömmigkeit. Wer von Gott in dieser Wucht berührt wird, dem wird ein ganz persönliches Schicksal auferlegt, das ihn seiner Umgebung entfremdet. Man denke an den Aufenthalt Jesu in seiner Heimat (Lk 4, 16–30). In diesem Sinn war Jesus ein Ausgestoßener, noch bevor ihn der Hohe Rat verurteilte. Er wußte, was es heißt, unverstanden, aussätzig, d. h. ausgesetzt, draußen und von den Dämonen der Dunkelheit, Einsamkeit, Angst und Zweifel bedroht zu sein. Der innere Aufbruch ist ein Bruch, der Wunden zurückläßt.

Jesus war ein *verwundeter* Heiler schon lange, bevor ihn römische Soldaten folterten, sogar noch bevor er an die Öffentlichkeit trat. Bei seiner Taufe öffnete sich nicht nur der Himmel (Mk 1,10), sondern auch die Hölle; denn wer vom Teufel persönlich geplagt wird, für den tun sich nicht nur die Verlockungen des Lebens, sondern auch die Schrecken der Hölle auf. Mit Himmel und Hölle sind intensivste Erfahrungen der Nähe und der Ferne Gottes gemeint, wie sie uns auch von großen Mystikern überliefert sind. Der hl. Ignatius erlebte beides in einer solch verwirrenden Fülle, daß er Kriterien zur Unterscheidung der Geister entwarf. Er wollte Anleitungen geben, um den ausgebrochenen Konflikt, biblisch gesprochen: den Dämon, zu überwinden.

Die Evangelien lassen keinen Zweifel daran, daß Jesus die Kraft dazu besaß. Besonders Markus schildert ihn als den, der die Dämonen herausfordert und ihnen überlegen ist (vgl. z.B. Mk 1,21–28): In der Synagoge von Kapharnaum ereignet sich ein für unsere Ohren nicht recht nachvollziehbares Drama. Ein unreiner Geist in einem Menschen – so heißt es – schreit auf, weil er sich bedroht fühlt und bekennt Jesus als den Heiligen Gottes. Vorausgegangen war, daß Jesus »wie einer, der Macht hat«, lehrte. Die Kraft Jesu muß so dicht im Raum gewesen sein, daß für *Dunkles und Negatives* kein Platz mehr war. Jesu befiehlt ihm zu schweigen und auszufahren. Darauf erfolgt ein unmenschliches Geschrei und Gezerre bei dem unglücklichen Menschen. Den Anwesenden wird es unheimlich. Sie sind völlig aufgewühlt und tief beeindruckt, als der Mann schließlich erschöpft, aber doch ruhig unter ihnen steht. Für sie besteht kein Zweifel: Dieser Jesus ist stärker als Dämonen. Hierin unterscheidet sich Jesus von den Schamanen, in denen die Angst vor bösen Geistern und deren unberechenbarem Treiben nicht erlischt.

Der bedingungslose Einsatz Jesu

Jesus erfüllt – so viel kann man sagen – jene Forderung Jungs, daß der Psychotherapeut der lebendigen Ganzheit des Patienten mit seiner eigenen Persönlichkeit entgegentreten müsse; daß die persönliche Ausstrahlung des Therapeuten die heilende Kraft weckt und daß in der Heilkunst allein die schöpferische Persönlichkeit das Entscheidende ist.
Es lohnt sich genau hinzuschauen, wie Jesus auf die Bitten der Hilfesuchenden reagiert, wie er sich in die Begegnung eingebracht hat. Markus berichtet von der Heilung eines Aussätzigen: »Da kam ein Aussätziger zu ihm, fiel auf die Knie und bat ihn: Wenn du willst, kannst du mich rein machen. Voll Erbarmen streckte er die Hand aus und sprach zu ihm: Ich will, sei rein!«

(Mk 1,40f) In einer anderen Textüberlieferung steht statt »er erbarmte sich«: »er geriet in Zorn«. Nach einer Regel der Textkritik sollte man die schwierigere Lesart bevorzugen. Drewermann meint, es sei wahrscheinlicher, daß beide Lesarten auf ein und dasselbe hebräische (oder aramäische) Wort zurückgehen, das ursprünglich »wejaham – »*er erhitzte sich*« lautete. Und er bemerkt dazu: »In jedem Falle wird deutlich, welch einer inneren Anspannung es bedarf, um sich auf eine Wunderheilung einzulassen«[39]. Zugleich sollten wir nicht außer acht lassen, daß das Wort »er berührte ihn« etwas von der *bedingungslosen Zuwendung Jesu zum Kranken* aussagt. Einen Aussätzigen zu berühren ist mehr als eine wohlwollende Geste; es wird hier eine Barriere durchbrochen, welche von der Angst der Menschen errichtet und einen Kranken seines Menschseins beraubt hat. Berühren bedeutet in diesem Fall, daß eine Art *Einheit* und *Gleichheit* des Heilers mit dem Leidenden geschaffen wird. Mit anderen Worten: Jesus ist selbst zum Aussätzigen geworden, d. h. ein Außenseiter, Ausgestoßener, um Ausgestoßene zu retten.
Ganz auf dieser Linie liegt auch das Bekenntnis des hl. Franziskus in seinem Testament, daß er durch die Begegnung mit den Aussätzigen ein anderer Mensch wurde. »Als ich in Sünden lebte, kam es mich sehr bitter an, Aussätzige zu sehen. Aber der Herr selbst führte mich unter sie, und ich erwies ihnen Barmherzigkeit. Als ich von ihnen ging, ward mir dasjenige, was mir vorher bitter vorgekommen war, in Süßigkeit für den Geschmack des Leibes und der Seele verwandelt«[40]. In diesem Zusammenhang dürfen wir auch die Stelle sehen, wo Jesus einen Taubstummen gesund macht (vgl. Mk 7,31–37). Die Berührung von Ohren und Mund ist weniger ein magischer Ritus als vielmehr ein Zeichen, daß Jesus diesem Menschen einen Raum der Nähe und Geborgenheit bietet und sich mit ihm so sehr gleichsetzt, daß er an seiner Stelle seufzt.

Es ist auch wichtig, sich die *innere Bewegtheit* Jesu beim Tod seines Freundes Lazarus und bei der anschließenden Auferweckung vorzustellen. Bei Joh 11,33–35.38 lesen wir: »Als Jesus sah, wie sie weinte und wie auch die mit ihr kommenden Juden weinten, wurde er im Geiste tief erschüttert und voll innerer Erregung sprach er: ›Wo habt ihr ihn hingelegt?‹ Sie antworteten ihm: ›Komm, und sieh!‹ Jesus weinte. Abermals wurde Jesus in seinem Innern erschüttert und ging zum Grab.« Selbst wenn man die Einwände der modernen Forschung gegen die Historizität dieser Erzählung gelten läßt, so dürfte doch die Schilderung der Gemütsbewegung Jesu der historischen Wirklichkeit entsprechen: *tiefe Erschütterung, innere Erregung, Weinen um den Tod eines Freundes.*

Ein weiterer Hinweis, wie sehr sich Jesus für das Schicksal von armen und unglücklichen Menschen eingesetzt hat, sind die Heilungen am Sabbat (vgl. Mt 12,9–14, Lk 13,10–17, Lk 14,1–6). Er riskiert die Feindschaft der religiösen Obrigkeit, sogar sein Leben.

Fassen wir noch einmal zusammen, was Jesus in die Begegnung mit leidenden Menschen einbringt: Er läßt sich vom Schmerz der Menschen aufwühlen; er stellt sich mit dem ganzen Einsatz seiner Person dem Schicksal dieser Menschen entgegen; er bietet einen Raum der vollen Sicherheit und Geborgenheit; er zeigt, wie viel mehr ihm ein Mensch wert ist als das Gerede der Leute, als die Auffassung einer starren Tradition, als die Meinung der religiösen Obrigkeit, als die Drohungen, die an sein Leben gehen.

Jesus – der Retter der Welt

Bei allen Klagen über die mißliche Lage der Kirche und über den zunehmenden Glaubensschwund sollte uns ein Ereignis, das sich jedes Jahr wiederholt, zu denken geben. In der Hl. Nacht sind die Kirchen gefüllt, wenn jener Text gelesen oder gesungen wird, der lautet: »Heute ist euch ein Retter geboren« (Lk 2,11). Es ist fast, als ob die Menschen jedes Mal darauf gewartet hätten. Es hat den Anschein, daß sich an diesem Abend, an dem die Gefühle mehr als sonst zu sprechen beginnen, ein geheimer Instinkt meldet und daß man sich doch nach etwas sehnt, was nie so recht ins Wort kommt. Deshalb ist die Frage berechtigt, was man denn von einem *Retter* erhofft.

Gerade in solchen Stunden, wo tiefere Schichten der Seele aufbrechen, wird uns die Abhängigkeit von inneren Faktoren und Vorgängen bewußt. Es ist für viele sehr schmerzlich, wenn eine weihnachtliche Stimmung einfach nicht aufkommen will, wenn das Gespräch schon längst verstummt ist oder sich aufs Nötigste beschränkt; wenn die seelische Kälte und Erstarrung nicht weichen will und die Freude an allem verdirbt.

Der bekannte Theologe Eugen Biser sieht denn auch die Einsamkeit, die Angst und die Überforderung als Grundübel der Menschen unserer Tage. Es sei Aufgabe der Kirche, ihnen in dieser Not beizustehen. Mit anderen Worten: *Ein Retter müßte sich als Erlöser der Gefühle erweisen.* Das klingt in den Ohren vieler abwegig, nach Eigennutz, nach Rückzug, nach Erlebnissucht, sogar nach privatistischem Seelenheil, während die großen Probleme der Zeit ihrer Dynamik überlassen würden. Man denkt an die immer wieder angemahnte ökologische Katastrophe, an die sozialen Verhältnisse der Dritten Welt und in den Industriestaaten. Politisches Handeln sei deshalb das erste Gebot und nicht sich irgendwelchen Gefühlen hinzugeben.

Aber nimmt man jeden einzelnen und jedes Schicksal wirklich ernst, gibt es keinen Grund, ihm seine Sehnsucht nach Frieden in der Tiefe seiner Seele, nach Nähe, nach Freisein von Druck, nach Freude und Erhöhung

des Daseins, nach einem ganz persönlichen Glück als unberechtigt abzusprechen.
Sehr aufschlußreich ist, was der Staatsminister für Kultur, Michael Naumann, zur Aufgabe der Kirche sagt. Er erwarte *seelischen Trost* – ein Wort, das in theologischen Kreisen als überholt und verstaubt gilt und kaum mehr in den Mund genommen wird. So ist denn auch nicht verwunderlich, wenn der Minister enttäuscht bekennt, daß er diesen Trost viele Jahre erwartet, aber nicht gefunden habe. Nach seinem Dafürhalten sollten sich die christlichen Kirchen neu darauf konzentrieren, die Gottesfrage in der säkularen Gesellschaft wachzuhalten. Das sei die eigentliche Aufgabe, und allein darin sei das Christentum auch für den modernen Menschen attraktiv. Es habe die Fähigkeit, »die Sehnsucht nach dem Numinosen, Rätselhaften, Unerklärbaren zu stillen«. Er bedauert, daß Kirche wie Theologie eher zu sozialen Dienstleisterinnen des in einer entfremdeten Gesellschaft lebenden Menschen geworden seien. Dies sei jedoch nicht ihre zentrale Aufgabe, vielmehr sei es die Vorbereitung auf das Eschaton, auf das ewige Leben[41].
Das häufig gebrauchte Wort »entfremdete Gesellschaft« weist zugleich in die Richtung der Suche nach Heimat und Nähe. Wie findet der Mensch seinen Weg nach Hause, nach dem Daheimsein bei sich selbst? Woher kommt ihm die Kraft zu, einen entdeckten Weg auch zu gehen? Es muß ein Raum jenseits des Alltäglichen, der oberflächlichen und ablenkenden Bedürfnisse sein, auch jenseits dessen, worum Menschen streiten und kämpfen, ganz gleich auf welcher Seite sie stehen.
Die Sehnsucht nach dem Numinosen, nach dem, was der Mensch nicht selbst plant und macht, was ihn ergreift, sollte man nicht entwerten, sondern als Antrieb wachrufen und wachhalten. Sie kann in die Nähe des Erlebens führen, das einen Menschen verwandelt.
Die Menschen suchen – mehr als man in kirchlichen

Kreisen ahnt – mystisches Erleben, das sie mit der Unendlichkeit des Kosmos versöhnt, das sie die Lebendigkeit der Natur spüren läßt und das ihnen in dieser Welt eine Heimat gibt, das ihnen die Tiefe, Intensität und Erfülltheit von Liebe und Erotik schenkt. Sie möchten eine Antwort auf die Fragen: Wer bin ich? Wozu bin ich da? Wie werde ich heil?
Es sind Fragen, die ganz und gar unpolitisch klingen, aber doch eine gewaltige Auswirkung auf gesellschaftliche und politische Entwicklungen haben. Wenn die existentiellen Fragen nicht zur Genüge beachtet und bearbeitet werden, werden globale Lösungsversuche nicht durchgreifend wirksam sein. Es braucht oft einen langen Weg, bis man zur Einsicht kommt, daß die Ursache des Übels im Menschen selbst liegt; Entscheidungen hängen wesentlich davon ab, von welchen Beweggründen einer geleitet ist, wieweit sein Horizont reicht, wieweit er fähig ist, an andere zu denken, wenn es um Verteilung von Besitz, Macht und Einfluß geht; wieweit er es von seiner inneren Struktur vermag, mit Menschen aus anderen Völkern, Kulturen und Religionen zusammenzuleben, vor allem, ob ihm gelingt, ein erfülltes Dasein in Nähe und Austausch zu finden. Eines ist schon gewiß: Es ist vielfach die Angst, die eine Entwicklung zum Besseren verhindert. Angst verzerrt die Wahrnehmung, macht blind für die Wahrheit und neue schöpferische Möglichkeiten, Angst lähmt oder treibt zu unsinnigen Aktionen. Es gibt Situationen, wo ein äußeres Handeln unmittelbar gefordert ist – ohne das würde der Alltag nicht funktionieren. Wer eine Besserung auf Dauer erreichen will, wird erfolgreich sein, wenn er beim Menschen selbst beginnt, bei dem, was ihn bedrückt und worunter er leidet, vor allem bei seiner Angst.
Der Kulturkritiker Norbert Copray sieht in der Hinwendung zu neuen Formen der Religiosität, speziell zu nichtchristlichen, den Ausdruck einer tiefsitzenden

Angst um die Zukunft. Anscheinend finden die Menschen in den neuen religiösen Wegen, die ohne den christlichen Heiland und Erlöser auskommen, eine größere Hilfe in den Grundfragen ihrer Existenz als in den Gnadenmitteln der Kirche.

Dies ist eine gewaltige Herausforderung für alle, die in dieser Kirche in der Leitung und in der Lehre Verantwortung tragen – nicht zuletzt für jeden Christen. Vor allem sollte zu denken geben, daß die herkömmlichen Mittel der Seelsorge wie Beichte und Eucharistie nicht mehr greifen, wenn es um diese existentiellen Fragen geht. Es läßt sich beobachten, daß der spirituelle Anspruch vieler wesentlich höher ist als das, was von der Kirche angeboten wird.

Das Verlangen der Menschen in einer nachaufklärerischen Situation der Religiosität geht einerseits zu einer vertieften Erfahrung des Numinosen, andererseits will man die Errungenschaft einer kritischen Vernunft nicht aufgeben. Copray bringt es auf den Punkt: Die Innenseite der Religion – die Religiosität – ist gefragt. Es geht um »Wege und Erfahrungen, die Hoffnung auf Heil und Zukunft ermöglichen, stabilisieren und wirklich werden lassen«[42].

Das bedeutet: die Zukunft der christlichen Religion heute hängt davon ab, inwieweit es gelingt, den Schwerpunkt auf das unmittelbare existentielle Geschehen anstatt auf die Tradierung von festen, aber toten Lehrsätzen zu legen; mit anderen Worten: Priorität müßte nach der theologischen Sprache der Glaubensvollzug (fides qua) vor den Inhalten (fides quae) haben.

Für den Glauben an Christus als dem Herrn und Retter der Welt stellt sich die Frage: Inwieweit wird durch kirchliche Verkündigung eine Autorität aufgebaut, deren überhöhten Ansprüchen man sich unterwerfen muß, oder inwieweit wird ein Prozeß der Annahme und bereichernden und wohltuenden Wandlung eingeleitet?

Der Herr und Retter – eine entfremdende Autorität?

Nichts ist dringender als die Frage nach Jesus, der im frommen Sprachgebrauch Heiland oder Retter und Erlöser genannt wird, erneut zu stellen. Wie war es in den Ursprüngen und welche Hindernisse müßten beseitigt werden, damit der Name Jesus Christus auch für unsere Zeit zu leuchten beginnt? Jesus als den erfolgreichen Heiler seiner Zeit anzuerkennen und ihm auch eine geistige Wirkung zuzugestehen, bereitet nicht mehr unüberwindbare Schwierigkeiten.

Wie ist es aber mit dem Titel »Retter« und »Heiland« für unsere Zeit? Noch einmal: Warum werden Heilsangebote aus dem indianischen und fernöstlichen Kulturbereich begierig aufgesogen, während Christus als Retter bei spirituell Suchenden kaum in Erwägung gezogen wird?

Es wurde schon gesagt, daß den beiden Bezeichnungen das griechische Wort sotèr (hebräisch jesha, jeshuah, moshia) zugrundeliegt, ein Ausdruck, der nur Jahwe vorbehalten war, weil er sein Volk vor dem Untergang rettete. Damit ist ausgesagt, daß Jesus vom Wesen her mehr ist als ein Heiler einer archaischen Kultur. Jesus erhielt den Titel sotèr – Retter – nicht nur wegen der Heilungswunder, sondern weil er die Menschen aus Sünde und Tod rettet – so die einhellige Überzeugung der frühen Christen. Man nimmt an, daß in der Botschaft des Engels der Hl. Nacht (»Heute ist euch der Retter geboren, Christus der Herr«: Lk 2,11) das Bekenntnis der ersten christlichen Gemeinden zum Ausdruck kommt.

Eine andere Stelle findet sich in der Apostelgeschichte, wo Petrus vor dem Hohen Rat erklärt, daß »Gott Jesus zum Fürsten und Retter zu seiner Rechten erhöht hat, daß er Israel Bekehrung bringe und Vergebung der Sünden« (Apg 5,31).

Als erstes stößt sich der kritisch Eingestellte am *Absolutheitsanspruch*, der mit dem Namen Jesus verbunden wird. In einem Artikel über den buddhistischen Mönch Thich Nhat Hanh in einer Esoterik-Zeitschrift bezeichnet es der Verfasser als wohltuend, daß dieser spirituelle Meister auch die Schätze anderer Traditionen anerkennt und seine Schüler sogar ermahnt, ihre eigenen Wurzeln zu entdecken, während im Christentum jener Satz Jesu gelte: »Niemand kommt zum Vater außer durch mich« (Joh 14,6). Zudem stoßen Aussagen wie »Fürst« und »Herr« auf Ablehnung, weil sie beim ersten Hören schon Unterordnung einzufordern scheinen – unvereinbar mit dem Lebensgefühl der Selbstbestimmung und Unabhängigkeit. Die kirchliche Verkündigung muß sich fragen, inwieweit sie eine Autorität aufbaut, die unerfüllbare Ansprüche stellt, der man sich unterwerfen muß, die aber mit der Seele der heutigen Menschen, d.h. mit ihren wirklichen Leiden und Sehnsüchten nichts zu tun hat. Jung kritisiert am traditionellen Christentum, daß Christus zu einem außenstehenden Kultobjekt gemacht wird, anstatt daß er die Entwicklung und Erhöhung des eigenen inneren Menschen bewirkt. Gerade als Kultobjekt, das nur außerhalb vorkommt, werde Christus daran gehindert, in die Tiefe der Seele einzugreifen und sie dem Vorbild ähnlich zu machen.

Zum Absolutheitsanspruch Christi ist noch zu sagen: In der Erklärung des 2. Vatikanischen Konzils über die nichtchristlichen Religionen heißt es ausdrücklich, daß die Kirche nichts von dem ablehnt, was in ihnen wahr und heilig ist[43].

Selbst der so umstrittene Papst Johannes Paul II. hat 1987 in Assisi mit Buddhisten, Moslems, sogar mit indianischen Schamanen für den Frieden in der Welt gebetet – ein Zeichen, daß er deren Gebet schätzt. Die Überzeugung von Christus als dem Retter der Welt erklärt keineswegs das religiöse Tun Andersgläubiger für

null und nichtig (oder, wie es in früheren Zeiten geschah, für das Werk des Teufels).
Neben dem Absolutheitsanspruch stört man sich am Thema »Bekehrung« und »Vergebung der Sünden«. »Wenn es nur das ist, was die Kirche anzubieten hat!« hört man die kritischen Stimmen.
Es besteht in der Tat eine Ratlosigkeit, den Menschen von heute aufzuzeigen, was mit »Sünde« gemeint ist, wo doch heute verpflichtende Normen immer mehr an Bedeutung verlieren. Es wäre aber auch der falsche Weg, die Problematik zu ignorieren nach dem Motto: Jesus hat sich nicht um die Sünde als vielmehr um das Leid der Menschen gekümmert.
Wer etwas tiefer in die Schicksale der Menschen blickt, wird zugestehen, daß die Gegensätze so nicht stimmen, daß Leid durch Sünde verursacht ist – gewiß nicht jedes; und daß viel Böses geschieht aus leidvollen Erfahrungen, aus Ohnmacht, aus Mangel an Bildung und Einsicht. Das griechische Wort für Sünde heißt hamartia, Verfehlung. Genauer meinen die Theologen, daß der Mensch sein Ziel, die Gottebenbildlichkeit, verfehlt und damit auch die Harmonie der Schöpfung.
Damit sind wir bei dem, worunter die Menschen heute leiden: Die geistige Entwicklung, *der sogenannte Fortschritt, verfehlt sein Ziel.* Statt daß eine menschliche Zukunft für alle auf dem Erdball gestaltet wird, erhebt sich eine tödliche Bedrohung. Trotz aller Technik und Erfindungen wird die Angst der Menschen nicht geringer, ganz im Gegenteil. Man kann kaum etwas dagegen einwenden, wenn der Indianer David Kindle über die Weißen sagt: »Trotz seiner Klugheit und Erfindungsgabe fehlt dem Weißen etwas sehr Wichtiges. Er hat den Zugang zu seinem Schöpfer verloren«[44].
Der Ausspruch des Indianers löst wahrscheinlich bei den meisten Befremden, vielleicht sogar ein mitleidiges Lächeln aus. Soll das nun die Lösung sein, daß man wieder in die Kirche geht, die nur Langweiliges

zu bieten hat? Dazu kommt, daß doch ein großer Teil der Weißen anscheinend an Gott glaubt und daß man gerade in traditionsgebundenen christlichen Kreisen nichts von einer tiefgreifenden Sorge um die Schöpfung spürt; daß sogar auf dem Boden des Christentums ein tödlicher Fortschritt sich entwickeln konnte. Der völlig überraschende Aufbruch des Religiösen in nichtchristlicher, zumindest in nichtkirchlicher Form läßt den Schluß zu, daß das Christentum in seiner überlieferten westlichen Art die Probleme der modernen Gesellschaft nicht auffangen kann; die Suche »nach transhumanen Dimensionen der menschlichen und kosmischen Existenz«, wie Copray sagt, wird von der Kirche nicht beantwortet. Die Menschen erwarten keine verbalen Lehrformeln, sondern Wege und Erfahrungen, die Hoffnung auf Heil und Zukunft ermöglichen[45]. Die Kritik geht dahin, daß sich im Laufe der Jahrhunderte die Akzente des Christentums deutlich verschoben hätten, daß man der Entwicklung des europäischen Geistes vom Emotionalen und Spirituellen zum Rationalen, von der religiösen Erfahrung zur rationalen Durchdringung, vom Geschehenlassen und Wartenkönnen zum schnellen Handeln allzu sehr gefolgt sei.
So gesehen ist die Bekehrung als erstes ein Thema, das die Kirche selbst angeht. Buße heißt dann den Geist des Ursprungs entdecken und damit die Antwort für die Not der Zeit finden.

Überhöhung und Idealisierung?

Aber nicht nur bei Außenstehenden, selbst in den eigenen Reihen bestehen erhebliche Vorbehalte gegen die Hoheitstitel Jesu. In der wissenschaftlichen Exegese sucht man nach dem historischen Jesus, der gereinigt ist von Überlagerungen und Idealisierungen der ersten christlichen Gemeinden. Man gibt sich große Mühe zu unterscheiden, was authentische Worte Jesu sind und was sogenannte Gemeindebildung ist, d. h. was in den ersten christlichen Gemeinden schöpferisch entstand und Jesus in den Mund gelegt wurde.

Unter diese Rubrik fällt auch das Bild von Jesus als dem Retter. Es klingt sehr ernüchternd, wenn es in einem biblischen Kommentar heißt: Jesus ist zu Lebzeiten wohl nie Heiland / Retter genannt worden. Erst nach seinem Tod und seiner Auferstehung wird der Titel Heiland / Retter auf Jesus übertragen[46].

Wir dürfen hinzufügen: *Das muß allerdings seinen Grund gehabt haben*! Für Juden, sie waren ja die ersten Jünger Jesu, war es undenkbar, einem Menschen einen Namen zu geben, der nur Jahwe zustand. Es muß ein Einbruch in das System ihrer religiösen Vorstellungen gewesen sein, das sie dazu veranlaßt hat; ein Erlebnis, das ihnen die Gewißheit gab, selbst gerettet zu sein. Und diese Überzeugung kann nicht auf dem endgültigen Scheitern eines Mannes aufgebaut sein.

Es gibt in der Geschichte Beispiele, daß sich im Hinblick auf die drohende Katastrophe der Glaube an einen Retter verfestigt und sich sogar bis zur Ekstase gegen jede Einsicht steigert, nach dem Zusammenbruch aber die totale Verzweiflung überwiegt. Zu denken ist z. B. an einen indianischen Stamm, in dem der Medizinmann Wowoka im Jahr 1888 die Religion des Geistertanzes begründete. Der Ritus des Geistertanzes hatte die Illusion geweckt, die Weißen würden in einer Art Sintflut verschwinden, alle Büffel und verstorbenen Stammesangehörigen würden auf die Erde zurückkehren. Als im Dezember 1890 derselbe Stamm von den weißen Truppen gnadenlos niedergeschossen wurde, war es aus mit dem »Traum seines Volkes«, wie es Schwarzer Hirsch in seinen Erinnerungen beklagt[47].

Ähnliches läßt sich auch von den letzten Tagen des Dritten Reiches sagen. Da gab es tatsächlich den Glauben an die Wunderwaffen, an die Allmacht und Allwissenheit des Führers. Als aber das Ende kam, gab es nichts mehr zu glauben und zu hoffen, was die Größe Deutschlands anbelangt. Wie eine totale Katastrophe einen überzeugten Glauben wecken kann, ist nach menschlicher Erfahrung nicht erklärbar.

Christus – die verwandelnde Kraft

Der Vorwurf Jungs an das heutige Christentum, daß Christus als Kultobjekt außerhalb der Seele bleibe, trifft auf die Ursprünge unserer Religion nicht zu. In den Apostelbriefen nimmt die Darstellung der eigenen Befindlichkeit und des Erlebnisgrundes sowohl des Schreibers wie der Adressaten einen breiten Raum ein und ist die Grundlage der Ermahnungen. Am meisten wissen wir über den Wandlungsprozeß des Apostels Paulus. Ihm geht es nicht nur um die Botschaft von Jesus Christus und um deren Verbreitung, sondern primär versucht er mitzuteilen, was mit ihm selbst geschehen ist; daß er früher auf der anderen Seite stand, daß er stolz sein könnte auf seine Herkunft, auf das Verwurzeltsein in der jüdischen Tradition; daß er der strengen Richtung der Pharisäer angehört und die Jünger Jesu verfolgt habe (vgl. Phil 3,1–6). Dann geschah das Unglaubliche: Gott offenbarte ihm seinen Sohn (Gal 1,16). In der Apostelgeschichte wird das Ereignis dreimal beschrieben. Jedesmal beginnt der Bericht damit, daß ihn am hellen Tag ein Licht umstrahlt (Apg 9,3; 22,6; 26,13). Mit Recht dürfen wir von einem *Erleuchtungserlebnis* sprechen. Es läßt an die erwähnten Visionen der Propheten, der Mystiker und Jesu selbst denken.
Das Ergebnis war, daß für ihn eine Welt einstürzte und eine neue geschaffen wurde. Alles in ihm hat sich umgedreht. Paulus drückt es mit den Worten aus: »Doch was mir als Vorteil galt, das habe ich um Christi willen für Unwert erachtet. Ja, ich erachte auch wirklich alles für

Unwert im Hinblick der alles übertreffenden Erkenntnis Christi Jesu, meines Herrn; um seinetwillen gab ich alles auf und betrachte es als Unrat (wörtlich Mist), um Christus zu gewinnen und in ihm mich zu finden« (Phil 3,7–9). Der Mann aus Tarsus betont immer wieder, daß es nicht seine eigene Idee, noch weniger sein Verdienst, sondern daß es ein Widerfahrnis war, ein Geschehen, das sich an ihm vollzog. Er nennt es Offenbarung und Gnade. Es muß ein äußerst schmerzvoller Prozeß gewesen sein, Erschütterungen, die Tage und sogar Jahre andauerten. Nach dem Galaterbrief ging er nach diesem Ereignis nach Arabien. Mit einer gewissen Berechtigung darf man annehmen, daß er in die Einsamkeit ging, um das Erlebte zu verarbeiten (Gal 1,17) – wiederum eine Parallele zum Aufenthalt Jesu in der Wüste.

Umbrüche dieser Art sind heute gar nicht so selten. Es lassen sich durchaus einige Schritte beschreiben. Wenn vom Einstürzen der inneren Welt die Rede war, dann heißt das, daß die Werte, die den Inhalt eines Lebens ausmachten, nicht mehr tragen; daß man sich selbst wert – los vorkommt. Ein Teilnehmer eines Selbsterfahrungskurses berichtet, daß er am dritten Tag in einem Zustand war, als ob er niemand wäre. Jedes Selbstwertgefühl sei geschwunden gewesen, statt dessen überfiel ihn eine unheimliche Angst. Nach einem Gespräch setzte dann eine gegenläufige Bewegung ein. Es brachen Energien auf, die er so nie gekannt hatte und die ihn vor eine völlig neue Situation in seinem bisherigen Berufsfeld und in seiner menschlichen Existenz stellten. Ähnliches, aber in einem für uns nicht mehr vorstellbaren Ausmaß, dürfte Paulus erlebt haben. Es hat einen realen Hintergrund, wenn er seine Umkehr als ein Sterben bezeichnet. Sätze wie: »Wir sterben der Sünde« (Röm 6,2) und »Wenn wir aber starben mit Christus, so glauben wir, daß wir auch leben werden mit ihm« Röm 6,8) gehen mit höchster Wahrscheinlichkeit auf seine Lebensgeschichte zurück. Er weiß, was er sagt und was es heißt, wenn plötzlich alle Brücken hinter einem abgebrochen werden. Sterben in diesem Sinn ist: von allem Abschied nehmen, wovon man bisher gelebt hatte, so daß nur mehr der nackte Ich-Kern übrig bleibt. Paulus schreibt, daß er »mit Christus gekreuzigt wurde« (Gal 2,19).

Es ist eine besondere Dramatik, die er durchzustehen hat. Die bloße Einsicht, daß man in seinem Leben auf das falsche Pferd gesetzt hat, daß das, wofür man seine Leidenschaft einsetzte, sich in Nichts auflöst, ist einfach niederschmetternd. Es ist, als ob einem der Boden unter den Füßen weggezogen würde. Falsch wäre es auch, das Ganze zu verharmlosen mit dem Hinweis, daß schon öfter Parteigänger und Spione die Seiten wechselten oder »umgedreht wurden«. Bei Paulus war es etwas anderes als ein Austausch der Fronten, der äußeren Begriffe, Symbole und Farben. Er blieb im Grunde nicht derselbe, sondern er betrat eine völlig neue Bühne; er wurde in eine neue Form des Daseins und seiner seelischen Struktur versetzt. Deshalb kommt das Wort »sterben« bei ihm so häufig vor.

Dieses überwältigende Ereignis und dieser dem gewöhnlichen Denken nicht faßbare Zustand ist für Paulus unabdingbar verbunden mit dem Namen *Christus Jesus*. Ihm schreibt Paulus die wirkende Kraft zu, die das Ganze ausgelöst hat und trägt. Nach der Apostelgeschichte war es nicht ein anonymes Licht, das den fanatischen Gesetzeseiferer umgeworfen hat, sondern Jesus selbst. Im ersten Korintherbrief beruft er sich darauf, daß auch ihm Christus erschienen sei (1 Kor 15,8). Nach der Apostelgeschichte gibt sich Jesus mit seinem Namen zu erkennen(Apg 9,5). Es ist der Name, den er abgelehnt hatte, gegen den sein ganzes Gefühl aufstand. Mit dem Haß gegen die neue, lebendige Bewegung hatte er auch eine Dynamik in sich selbst mit aller Gewalt niedergehalten. Diese Kraft überwältigt ihn nun, es ist der lebende Jesus selbst. Man darf annehmen, daß ihn eine maßlose Angst überfällt und er sich wie ein Nichts fühlt. Die Erkenntnis, ein schreckliches Unrecht getan zu haben, muß ihn zutiefst getroffen haben. Wenn Paulus des öfteren vom Zorn Gottes spricht (Röm 1,18; 2,5; 4,15), läßt dies darauf schließen, daß er diesen in manchen Momenten seines Lebens auch gespürt hat, daß er mit der schon genannten Angst zu ringen hatte. Vielleicht mußte er sich sogar wie manch anderer in der Kirchengeschichte mit der Vorstellung auseinandersetzen, daß er von Gott verdammt sei. Wenn schon die Propheten den Anspruch Gottes als nicht leicht empfanden und wenn schon Jesus selbst beim Ringen um den Willen Gottes in Schweißausbrüche geriet (Lk 22,44), warum sollten dem Apostel innere Kämpfe erspart geblieben sein?

Eines ist sicher: Der Prozeß des Umbruchs wurde in der ganz persönlichen Begegnung von Jesus aufgefangen. Paulus betont, daß er mit Christus gekreuzigt wurde, daß er dessen Nähe und Zusage doch nie verloren hatte. Im Brief an die Galater bekennt er: »Ich lebe im Glauben an den Sohn Gottes, der mich liebte und sich für mich hingab« (Gal 2,20). Es ist ein Satz, der wie viele andere von kritisch Denkenden nicht so leicht nachzuvollziehen ist. Man darf vermuten, daß Paulus seinen Prozeß der Wandlung meint: In tiefster Verzweiflung wurde er von einer unfaßbaren Güte umfangen und ein bisher nie gekannter Friede zog in ihm ein. Es war die Güte und der Friede Christi. Ihm muß aufgegangen sein, daß der Tod Jesu die Voraussetzung dafür war, daß sein Geist für ihn, den falschen Eiferer, wirksam wurde. So könnte es gewesen sein nach allem, was der Apostel im Römerbrief über Gericht, über Gesetz, über Rechtfertigung, über Gnade und Glaube schreibt.

Vor allem das Wort »Rechtfertigung« nimmt einen breiten Raum ein, ebenfalls ein Begriff, mit dem die wenigsten etwas verbinden können. Ob er nicht mit dem zu tun hat, was Bundesminister Naumann mit »seelischem Trost« meint? Daß er eine Erfahrung sucht, die ihn den Unsicherheiten und Zweifeln der politischen und geistigen Strömungen der Zeit wie denen der eigenen Lebensgeschichte entreißt? Dem Minister und den vielen Gequälten und Suchenden wäre zu wünschen, daß sie den Satz aus dem Römerbrief nachvollziehen könnten, mit dem Paulus die lange Erörterung um die Rechtfertigung abschließt: »Gerechtfertigt also aus Glauben haben wir Frieden zu Gott hin durch unseren Herrn Jesus Christus, zu dem wir ja im Glauben Zugang erhielten zu solcher Gnade« (Röm 5,1f). Frieden ist für den Apostel zugleich Freiheit vom Gesetz und von der Sünde. In unserer Sprache würde das heißen: Freiheit von Überforderung, von Erstarrung und spiritueller Austrocknung und Freiheit vom Chaos der Emotionen, vor allem Freiheit von Angst. Für Paulus ist die Erfahrung der Kraft Christi oder des Seins in Christus ein Zustand, in dem er sich selbst zurückgeschenkt fühlt. Jetzt erst beginnt er zu leben; in ihm ist Lebendigkeit und schöpferischer Reichtum (vgl. Röm 11,33) während er sich im Rückblick auf die Zeit vorher wie tot vorkommt.

Bei genauerem Hinsehen lassen sich in seinen Schriften die Elemente finden, die für Erleuchtete wesentlich sind. Er ist an dem Punkt, der als die »Mitte der Welt« bezeichnet wurde. Tiefenpsychologisch gesehen: Er ist ganz mit dem Seelengrund verbunden. Das bedeutet: Er bezieht seine Motivation und seine Ideen aus dem geistigen Erleben, aus der Erfahrung des Selbst, in dem die Gegensätze zu Ruhe kommen. Dies erfüllt ihn mit »froher Stimmung«, mit dem Gespür dafür, daß Rache an den Feinden einem selbst schadet, mit der Überlegenheit und Gelassenheit, die Rache der Barmherzigkeit Gottes zu überlassen (Röm 12,14–21). Er hatte die Sensibilität, darauf hinzuweisen, jedem einzelnen im Zusammenleben gerecht zu werden (Röm 12,3–8) und auch jedem die Freiheit zu geben, nach seinem Gewissen zu leben (Röm 14,1–9). Für ihn war die Einsicht ausschlaggebend, daß jeder, der die Liebe zu allen hat, auch das Gesetz erfüllt (Röm 13,8–10). Nicht vergessen darf man, was Paulus über die Schöpfung sagt: »daß auch sie, die Schöpfung, von der Knechtung an die Vergänglichkeit befreit wird zur Freiheit der Herrlichkeit der Kinder Gottes« (Röm 8,21).

Man darf hier an Franziskus denken und an seinen Lobpreis an die Schöpfung, vielleicht sogar an die Indianer, die in der Natur den Schöpfer suchen und über sie an ihn herantreten. Vieles spricht dafür, daß sich Paulus und Franziskus in ihrem Verständnis von Schöpfung berühren.

Paulus ist in seinem Erleben und Denken in einem Bereich, der geprägt ist von der Kraft des erhöhten Jesus. Weil der Apostel »in Christus ist«, steht er wie dieser über Leben und Tod. Seelische Einbrüche, wie Paulus sie hatte, setzen schöpferische Kräfte frei, sie erschaffen einen »neuen Menschen« (vgl. Röm 6,4); wer sie durchgestanden hat, ist wirklich ein »neues Geschöpf« (2 Kor 5,17). Die weitere Geschichte des Apostels nach seiner Bekehrung ist geprägt von einer gewaltigen inneren Dynamik, an die er durch sein Einstiegserlebnis angeschlossen wurde.

Wichtig ist, in diesem Zusammenhang noch einmal hervorzuheben, daß die Hoheitstitel, welche die frühe Kirche Jesus gab – Fürst, Retter, Herr, Sohn Gottes – nur auf dem Erfahrungshorizont der ersten Christen zu verstehen sind. Die neuen Namen für Jesus nach seinem Tod kann man auch als Spiegelung ihrer inneren Befindlichkeit sehen. Sie sind nicht der Phantasie entsprungen, sondern der Erfahrung mit Jesus.

Den Tod entmachten

Es lohnt sich, weitere Zeugnisse für Jesus als den Retter anzuschauen, solche des frühen Christentums und solche unserer Zeit. Der Verfasser des zweiten Timotheusbriefes (nach der wissenschaftlichen Forschung ist es nicht Paulus) erinnert daran, daß Gott uns (die an Christus Glaubenden) *gerettet* hat »nach seiner Gnade, die uns gegeben wurde in Christus Jesus vor ewigen Zeiten, die aber jetzt offenkundig wurde durch das Erscheinen unseres Heilandes Christus Jesus, der den Tod entmachtete, das Leben aber und die Unsterblichkeit aufleuchten ließ« (2 Tim 1,10).

Der Verfasser ist dem Tod schon häufig begegnet und rechnet damit, daß er das Gefängnis nicht mehr lebend verlassen wird. Er weiß, wovon er spricht. Er zählt die Verfolgungen und Leiden auf, die ihn getroffen haben, aus denen ihn der Herr errettet hat (2 Tim 3,11) und er ist sich seines bevorstehenden Endes bewußt: »Denn ich werde nun hingeopfert, und die Zeit meines Aufbruchs ist nahe« (2 Tim 4,6). Für ihn ist der Tod nicht der Schrecken oder das absolute Nichts, sondern die Begegnung mit Christus, dem Herrn, der ihm den »Kranz der Gerechtigkeit überreichen wird« (2 Tim 4,8). Hier liegt ein Bekenntnis vor, welches die innere Befindlichkeit im Angesicht des Todes wiedergibt. Der Tod ist nicht das Ende, sondern die zu erwartende große Vollendung. Dies ist die Überzeugung eines Mannes der frühchristlichen Zeit. Sie macht sich am Namen Christus Jesus fest, »der den Tod entmachtet hat« (2 Tim 1,10).

Eine solche Einstellung erklärt sich nicht durch fromme Wünsche, Projektionen oder Visionen, wie der liberale Bibelwissenschaftler Gerd Lüdemann[48] behauptet. Sie ist Ergebnis eines sehr schmerzhaften und existentiell tiefgreifenden Wandlungsprozesses. Man sollte bedenken, was es kostet, sich mit der Gewißheit des eigenen

Todes und dem eines geliebten Menschen auseinanderzusetzen.
Dazu brauchen wir nicht nur auf die Erfahrungen der ersten Christen zurückzugreifen; wir kennen Zeugnisse aus der allerjüngsten Vergangenheit und bei genauerem Hinschauen aus allernächster Nähe bei Angehörigen und Freunden. Ein Beispiel unter vielen ist Pater Alfred Delp, der wegen seiner Zugehörigkeit zum Kreisauer Kreis und zum Jesuitenorden am 11. Januar 1945 vom berüchtigten Vorsitzenden des Volksgerichtshofes Roland Freisler zum Tod verurteilt wurde. Die aus dem Gefängnis Berlin Tegel an seine Freunde gerichteten Briefe und Aufzeichnungen geben den seelischen Werdeprozeß wieder, den der Verurteilte bis zu seiner Hinrichtung durchmachte. Es läuft einem beim Lesen eiskalt über den Rücken, wenn vom »Aufgehängtwerden« die Rede ist, vom Schreiben in Handschellen, davon, daß die Freunde und Gefährten bereits tot sind, davon, daß der Zeitpunkt der Hinrichtung nicht mitgeteilt wird, bis der Wachtmeister ruft: »Alles fertig machen! In zehn Minuten kommt das Auto«. Es steigen in einem verschiedenste Gefühle auf: ohnmächtige Wut über die erbarmungslose Brutalität der Nazis, der Schrei nach Gerechtigkeit und Scham über die Verbrechen im Namen des deutschen Volkes.
Um so mehr geht einem die menschliche Größe auf, zu der der Jesuitenpater in den Wochen und Monaten vor seinem Tod gefunden hat. Am Tage der Verhandlung hatte er sich auf das Schlimmste vorbereitet und in der Gefängniszelle die Messe zelebriert; denn gewöhnlich wurden die Verurteilten anschließend sofort hingerichtet, was dann bei Delp und seinen Freunden doch nicht geschah. So konnte er sich noch von denen, die ihm nahe standen, verabschieden.
Seinen inneren Zustand nach der Verurteilung beschreibt er als *große Freiheit*. »Die Welt ist in dieser Woche der letzten Bereitschaft ganz anders geworden.

Auch wenn ich wiederkommen sollte, dieser 11. Januar hat die Dinge sehr verändert«[49]. Es ist nicht leicht nachzuvollziehen, wie es einem Menschen zumute ist, der bei voller Gesundheit auf seinen bevorstehenden gewaltsamen Tod wartet. Delp spricht von einer inneren Kraft, die ihm Zuversicht gibt und ihn hoffen läßt, von einem guten Gefühl, das nicht aus ihm stamme. Er vergleicht seine Verfassung vor der Verhandlung mit der nachher und bekennt, daß es jetzt ganz anders sei: Da sei nicht mehr die Angst wie in den Bombennächten, Gott habe ihn getragen. Sehr aufschlußreich ist auch, wie Delp sich mit seinen Zweifeln auseinandersetzt. Er habe überlegt, ob er Selbsttäuschungen zum Opfer gefallen sei, ob sich sein Lebenswille in religiöse Einbildungen sublimiert habe. Dagegen hält er dann »die vielen *spürbaren Erhebungen* mitten im Unglück; diese Sicherheit und Unberührbarkeit in allen Schlägen; dieser gewisse Trotz, der mich immer wissen ließ, es wird ihnen die Vernichtung nicht gelingen; diese Tröstungen beim Gebet und beim Opfer«[50]. Nicht von Illusionen eingelullt empfindet er sich, sondern befreit, das wirklich Vorhandene und Gültige anzuschauen. Hell und unbestechlich sei das Auge bei der Wanderung über äußerste menschliche Ungeborgenheit geworden.
Die letzte schriftliche Notiz des Jesuiten Alfred Delp lautete: »Beten und Glauben. Danke«[51]. Es fällt auf, daß am Schluß seines kurzen, aber doch so intensiven Lebens im Angesicht des unausweichlichen Todes das Wort »Danke« steht; in einer Situation, die wir Menschen des Alltags eher mit Schrecken, Ratlosigkeit, Angst und Verzweiflung verbinden. Wenn das Gefühl des *Dankes* aufsteigt, dann muß das Leben für einen Menschen in diesem Augenblick die absolute Fülle gewesen sein, d.h. er war frei von Angst, Niedergeschlagenheit, Wut und Zorn. Es war kein Platz für Impulse der Vergeltung. Die »Fülle«, die er für das Überleben der Kirche gefordert hatte, ist für ihn kein hohler Be-

griff gewesen, sie wurde in diesem Augenblick – so dürfen wir vermuten – zur lebendigen Wirklichkeit. Es ist gewiß nicht übertrieben, wenn man sagt: Leben und Sterben eines Menschen wie Alfred Delp ist eine Illustration der Überzeugung, daß Christus den Tod entmachtete.

Zusammen mit dem Jesuiten sind noch weitere Männer des Widerstandes aus christlicher Überzeugung zu nennen: z. B. der evangelische Theologe Dietrich Bonhoeffer und der Rechtsanwalt Josef Wirmer.

Bonhoeffer kam soweit in seinem Ringen um die Überwindung der Angst, daß er den Tod als Fest betrachtete. »Nun komm, du höchstes Fest«, lautet ein Gedicht, das er kurz vor seiner Hinrichtung verfaßte.

Josef Wirmer war bei der Verschwörung des 20. Juli beteiligt, wurde am 8. September 1944 zum Tode verurteilt und hingerichtet. Das Außerordentliche an diesem Mann war, mit welcher Sicherheit er seinem Richter Roland Freisler gegenüberstand. Als dieser ihn anbrüllte, brüllte er so zurück, daß es selbst Freisler den Atem verschlug. Otto Betz schreibt im »Christ in der Gegenwart«: »Als Freisler ihn mit seinem Zynismus lächerlich machen wollte, sagte er: ›Wenn ich hänge, müssen Sie mehr Angst haben als ich‹«[52].

Wer so reagieren kann im Hinblick auf das, was ihn erwartet, muß eine innere Souveränität und Gewißheit besessen haben, die auf der Ebene des normalen Psychologischen nicht mehr erklärbar ist. *Er war durch*; seine Kraft kam ihm aus einer Quelle jenseits des Todes zu.

Erfüllt sein von Dankbarkeit, ein Fest feiern, ungebrochener Widerstand vor dem Ereignis, an das wir nur mit Schaudern denken, das können Menschen nicht aus sich selbst. Es ist der Ausdruck des Glaubens an Christus als dem Retter. Hier berühren sich Christen unserer Tage mit denen der Frühzeit in der Tiefe ihrer Existenz. Dies ist zugleich auch der Weg, auf dem ein volles und

ergreifendes Verstehen der Aussagen des Neuen Testaments geschieht.
Wer sich auf den Prozeß des Ringens und Reifens dieser Männer einläßt, wird mit nicht reflektierten psychologischen Fachausdrücken wie Projektionen oder Halluzinationen zurückhaltend sein. Die menschliche und spirituelle Größe der Widerstandskämpfer wie die der frühen Christen verbietet es, ihr Zeugnis zu entwerten.

Der Tod – eine ferne Größe?

Die noch größere Schwierigkeit, an Christus den Retter zu glauben, scheint aber heute zu sein: Interessiert überhaupt, was im Sterben und nach dem Tod geschieht? Ist nicht das Thema Tod so verdrängt, daß die Frage nach dem Nachher gar nicht aufkommt?
Die Verheißung des ewigen Lebens entspricht einem Lebensgefühl, das voll auf das Jenseits, auf das Dasein nach dem Tod ausgerichtet ist. Greift diese Motivation bei einer Einstellung, die aus dem Hier und Jetzt lebt, wie dies dem modernen Menschen entspricht? Es ist wahr: Früher waren die Gläubigen noch von der zu erwartenden Belohnung im Jenseits geprägt, so daß sie aufgrund der Hoffnung auf die Ewigkeit auch selbstlos und selbstvergessen waren; und vor allem stellte die Furcht vor dem Tod und dem Gericht eine bestimmende Motivation dar.
Die Anklage der Neuzeit gegen das Christentum lautet, daß es die Menschen auf das Jenseits vertröste und sie am bewußten Leben in der Welt hindere. Den Theologen sitzt dieser Vorwurf so tief, daß sie vom Leben nach dem Tod kaum mehr zu reden wagen.
Auf Anfrage in einer Buchhandlung zum Thema »Seelenwanderung und ewige Seligkeit« wurden über 100 Titel zu »Seelenwanderung«, dagegen nur drei zu »ewiger Seligkeit« gefunden. Dies würde bedeuten, daß zwar

Interesse für das Thema Tod besteht, aber die Verheißung des ewigen Lebens seinen Glanz und seine Anziehung verloren hat.
Völlig überraschend hat der Tod von nichtkirchlicher und nichttheologischer Seite her ungeahnte Aktualität gewonnen. Begriffe wie »Sterbehilfe«, »Sterbebegleitung«, »Sterbeforschung«, die mit dem Namen Elisabeth Kübler-Ross und der Hospizbewegung verbunden sind, waren vor kurzer Zeit im allgemeinen Bewußtsein noch unbekannt. Die esoterische Zeitschrift »Abenteuer Philosophie« bringt in einer Ausgabe folgende Beiträge: »Leben und Tod verstehen«; »Dem Tod begegnen – das Leben erfahren«; »Gibt es ein Leben nach dem Tod?«; »Das Tibetanische Totenbuch«. Das Heft will Ratschläge für Lebende und Sterbende geben[53], das Wort »Christus« und »christlich« kommt freilich nicht mehr vor.
Gerade von esoterischer Seite wird aufgezeigt, daß die Auseinandersetzung mit dem Tod nicht die Aufmerksamkeit für die Probleme im Hier und Jetzt nimmt, sondern dem Leben eine neue Qualität verleiht.

»Nimm den Tod zum Ratgeber!«

In esoterischen Kreisen haben in jüngster Zeit die Bücher des Amerikaners Carlos Castaneda besonderen Bekanntheitsgrad erreicht. Es geht um die Einführung in die Welt der Schamanen oder, wie sie gewöhnlich heißen, der Medizinmänner. Es ist ein spiritueller Innenweg, an dessen Anfang die Konfrontation mit dem Tod steht. In einem der Bücher wird eine Begebenheit geschildert, wo der Meister Don Juan seinen Schüler in eine Art Todesbegegnung hineintreibt. Das Ergebnis ist nicht depressive Stimmung, sondern ein unendlich *frohmachendes Gefühl*. Hören wir einige Sätze dazu:

»Der Tod ist unser ewiger Begleiter ... Er ist immer zu unserer Linken, eine Armeslänge entfernt«. »Was du tun mußt, wenn du ungeduldig bist, ist dies: Wende dich nach links und frage deinen Tod um Rat. Ungeheuer viel Belangloses fällt von dir ab, wenn dein Tod dir ein Zeichen gibt«[54].

Der Tod als Trennungslinie zwischen Wichtigem und Wertvollem auf der einen und dem Belanglosen und Wertlosen auf der anderen Seite – genau zu dieser Erkenntnis kam auch Alfred Delp.

Der alte Indianer Don Juan nennt das *Leben ohne das Bewußtsein des Todes banal.* Wer den schweren Momenten des Schicksals wie Krankheit und Tod schon einmal ausgesetzt war und sie bewußt an sich heran gelassen hat, dem wurde die Tiefe seiner Seele geöffnet und in dem wurden auch ungeahnte Energien freigesetzt.

Denken und Handeln gewinnen an Sicherheit und Kraft. Nutzlose Gewohnheiten, z. B. stundenlanges Fernsehen und oberflächliche Bedürfnisse verlieren ihren zwingenden Charakter. Menschen, die davon geprägt sind, weisen eine innere Stimmigkeit auf, sie verbreiten Sicherheit und Vertrauen, was sie sagen, hat Hand und Fuß und hält kritischen Anfragen stand. Man spürt in ihren Worten die Lebensgeschichte, die dahinter steht. Von solcher Art ist der Lehrmeister Castanedas. Jeder seiner Sätze verdient Beachtung und ist Anlaß zum Nachdenken, gerade wenn er zum Thema Leben und Tod sagt: »Wichtig ist, was ich hier und jetzt spüre: ob ich hohl und langweilig bin oder ob ich die Ewigkeit berühre«. Oder: »Der Tod gibt die letzte Prägung; und was vom Tod geprägt wird, verwandelt sich in wirkliche Kraft«[55].

Die vermeintlich sich ausschließenden Alternativen des Diesseits und Jenseits bestehen so gesehen nicht, im Gegenteil: Die Konfrontation mit der Grundbedingung des Todes schafft gerade das erfüllte und dichte Leben – eine

Weisheit, die im Mittelpunkt der frühchristlichen Schriften steht und die sich in den Worten wiederfindet: »Wir aber verkünden Christus, den Gekreuzigten ... Christus als Gottes Kraft und Gottes Weisheit« (1 Kor 1,23f).
Der Vorwurf, mit dem Glauben an ein ewiges beseligendes Leben werde die Aufmerksamkeit von der Erde abgelenkt, und durch die Angst vor dem Tod würden die Menschen eingeschüchtert, so daß sie ihr Leben auf dieser Welt nicht voll und ganz zu leben wagten, kann durch die rechte spirituelle Praxis widerlegt werden.
Das ewige Leben, das uns verheißen wurde, hat schon jetzt begonnen. Es ist nicht eine Verlängerung des Diesseits ins Jenseits, sondern etwas qualitativ anderes, wie das Aufsprengen einer neuen Dimension, welche die Tatsache des Todes mit einbezieht, aber sie weit überschreitet. Wer durchgegangen ist, ist den Dingen, welche Menschen quälen, überlegen im Sinne eines bewußteren, kraftvolleren Lebens, das nicht mehr von vordergründigen Motiven geprägt ist, sondern von der Kraft aus der Tiefe. In diesem Sinne kann man auch sagen: *ewig ist heute.*

Den Zugang entdecken

Von innen her, nicht von der genauen historischen Analyse, wird uns aufgehen, was *Jesus als Heiland* für uns bedeutet. Es braucht das eigene volle, ernsthafte, persönliche Engagement, um in den Erlebnisraum Jesu einzutreten. Der Meister aus Nazaret war kein Wegbegleiter der Selbstsicheren und Satten, der Alleswisser und Alleserklärer, aber er hatte sehr guten Kontakt zu Menschen auf der Schattenseite des Lebens, zu jenen, die in den Evangelien als Sünder, Zöllner und Dirnen angeführt werden.
Auf unsere Zeit übertragen heißt das: Von der Rückseite unseres Lebenshauses her, wo unsere Schwachstellen

sitzen, wo wir selbst »Sünder, Zöllner und Dirnen« sind, wo wir der Hilfe, der Erlösung und Vergebung bedürfen, werden wir begreifen, was Rettung ist. Es ist die *Welt der Gefühle*, mit denen der moderne Mensch, selbst der äußerlich Erfolgreiche so oft nicht zurecht kommt. »Lebenlernen« ist heute ein oft gehörtes Wort. Es gelingt aber nur, wenn wir der anderen Seite, die sowohl bedroht als lockt, ins Auge schauen. Erst wenn wir erkennen, wovon wir erlöst werden müssen, wie nötig wir einen Retter brauchen, werden wir im Verständnis des Begriffes Heiland / Retter weiterkommen.
Was ansteht, ist die bewußte Auseinandersetzung mit Angst, Einsamkeit, Tod, mit den Gewalten, über die nicht *wir*, sondern die *uns* bestimmen. Die Frage ist: Gibt es eine Kraft, die stärker ist als jene Mächte; eine Kraft, die unser Glück will und nicht unser Unglück?
Bei ganz persönlichen Problemen ist es klug, die Erfahrungen anderer Menschen mit heranzuziehen, und wir dürfen uns nicht scheuen bei anderen Religionen anzufragen. Solange sie lebendig sind, erweisen sie sich nach Jung als Heilungssysteme. Noch mehr sollten wir aber die Dokumente des Glaubens des frühen Christentums verstehen lernen.

Anmerkungen

[1] Vgl. die Zeitschrift Esotera, 5/98.
[2] Archie Fire Lame Deer & Richard Erdoes, Medizinmann der Sioux, Tahca Ushtes Sohn erzählt von seinem Leben und seinem Volk, München 1992.
[3] Bear Heart, Der Wind ist meine Mutter, Leben und Lehren eines indianischen Schamanen, Bergisch-Gladbach 1998.
[4] Ebd. S. 30.
[5] Ebd.
[6] A. F. L. Deer & R. Erdoes, 271.
[7] Ebd.
[8] Ebd.
[9] Schwarzer Hirsch, Ich rufe mein Volk, Bornheim 1984, 189.
[10] Angelika Hansen, Begegnung mit dem Schamanen, München 1998.
[11] Christuskopf aus Weißenburg im Elsaß, jetzt Frauenhausmuseum Straßburg.
[12] Eugen Drewermann, Tiefenpsychologie und Exegese Bd I, Traum, Mythos, Märchen, Sage und Legende, Olten 1985, 512.
[13] Vgl. Ludwig Ott, Grundriß der Dogmatik, Freiburg 1954, 164.
[14] Vgl. Herbert Haag in: Jesus von Nazareth, Für wen sollen wir ihn halten? hg. von Ludger Hohn-Kemler, Freiburg 1997, 114f.
[15] Karlfried Graf Dürckheim in: L'expérience réligieuse au – delà des réligions in: Cahiers du Centre Dürckheim/F Mirmande 1981,1.
[16] C. G. Jung, GW Bd XII, 26.
[17] Quidquid recipitur, admodum recipientis recipitur.
[18] D. T. Suzuki, Die große Befreiung, Einführung in den Zen-Buddhismus, Frankfurt am Main 1975, 60.
[19] Ebd.
[20] C. G. Jung, Psychologie und Alchemie, GW Bd XII, 30.
[21] Ebd., 30
[22] Vgl. Sigmund Freud, Studienausgabe Bd IX, 158.
[23] C. G. Jung, GW Bd XI, 532.
[24] R. Schnackenburg, Gottes Herrschaft und Reich, Freiburg 1963.
[25] Franz von Assisi, Legenden und Laude, hg. v. Otto Karrer, Zürich 1986, 29.
[26] C. G. Jung GW Bd XI, 675.

[27] Vgl. Enomya Lasalle, Zen Buddhismus, Köln 1996, 369.382.
[28] Vgl. Alla Selawry (Hg.), Das immerwährende Herzensgebet, Bern 1976, 226ff.
[29] Lexikon Jungscher Grundbegriffe, hg. von Helmut Hark, Olten 1988, A. Selbstverwirklichung.
[30] Franz von Assisi, Legenden und Laude, hg. v. Otto Karrer, Zürich 1986, 45.
[31] Dietrich Bonhoeffer, Widerstand und Ergebung, Gütersloh 1994, 201.
[32] Martin Buber zit. n. Grete Schaeder, Martin Buber, Hebräischer Humanismus, Göttingen 1966, 153.
[33] Franz von Assisi, Legenden und Laude, 194.
[34] C. G. Jung, GW Bd. XVIII/2, 653
[35] Ders., Erinnerungen, Träume und Gedanken, Zürich 1962, 139.
[36] André Frossard, Gott existiert; Ich habe ihn gesehen, Freiburg 1979.
[37] Zit. n. Huub Oosterhuise, Im Vorübergehen, Freiburg 1969, 18.
[38] Origines, In Jeremiam homilia XX, 3, in: Migne, Patr. gr. T. 13, col 532.
[39] Eugen Drewermann, Tiefenpsychologie und Exegese Bd II, Olten 1984.
[40] Franz von Assisi, Legenden und Laude, 549.
[41] Vgl. Christ in der Gegenwart, 51 Jg., H. 39, 1999, 313.
[42] Norbert Copray, Aus Religion wird Religiosität: Praktische Metaphysik der Zukunftskrise in: Der Fischer-Öko-Almanach 91/92 hg. v. Gerd Michelsen und dem Öko-Institut Freiburg, Frankfurt 1991, 410.
[43] Erklärung über das Verhältnis der Kirche zu den nichtchristlichen Religionen, in LTHK. Das Zweite Vatikanische Konzil, Bd I, 289.
[44] David Kindle in: Freundschaft mit der Erde. Der indianische Weg, ausgewählt und übertragen v. Käthe Recheis und Georg Bydlinsky, Wien 1985, 63.
[45] Norbert Copray in: Fischer-Öko-Almanach 91/92, 413.
[46] Bibeltheologisches Wörterbuch, hg. v. Johannes B. Bauer, Graz 1967, Art. Heiland.
[47] Schwarzer Hirsch, Ich rufe mein Volk, Bornheim 1984.
[48] Gerd Lüdemann, Der große Betrug. Was Jesus wirklich sagte und tat, Lüneburg 1998.
[49] Alfred Delp, Kassiber aus der Haftanstalt Tegel, hg. von Roman Bleistein, Frankfurt 1987.
[50] Ebd., 115
[51] Ebd., 96
[52] Christ in der Gegenwart 49 Jg. H. 12, 1997, 104.

[53] Vgl. Abenteuer Philosophie, Kulturmagazin, Nr 73, München, 1998.
[54] Carlos Castaneda, Reise nach Ixtlan, Frankfurt am Main 1976, 46f.
[55] Ebd.